LOCUS

LOCUS

LOCUS

LOCUS

catch

catch your eyes；catch your heart；catch your mind……

謹獻給我在天上微笑的阿嬤

江心靜◎著

候鳥返鄉

Time to Fly Home

Time to Fly Home

Time to Fly Home

【緣起】 候鳥

候鳥，隨著季節遷徙的鳥。

聽說，候鳥非常眷戀出生的故鄉，所以會等到最後一刻，也就是忍耐低溫到了生理極限，不得不走，才會離開，飛往溫暖的南方。有時候突遇暴風雪，有些逃避不及的候鳥，往往會失溫而死。所以，決定離鄉的時刻非常重要。

在我有限的生命中，曾經有兩次聽從內心的呼喚，決定遷徙。第一次是在我十九歲那年，走出政大校門，決定到眞實的世界學習。第二次是二十七歲那年，脫離上班族生涯，決定不再為工作而工作，自組文字工作室。

第一次的決定，來自反覆思辨後產生的自我覺醒，第二次卻是一個人用生命喚醒了我。至今，我不知道他的名字，也不知道他的長相，只能用熟悉的文字，回溯那促使我展翅的重要時刻。

那一年，夢想和現實，遙遙相對，卻無法拉近彼此的距離。

熱愛文學，熱愛不能當飯吃，為了一份薪水，到一個只有兩個員工的辦公室上班。老闆台灣大陸兩地跑，久久回來一次，幾百人的工廠在大陸，下單的貿易公司在台北，處理報關的小姐在香港，這些，全部透過電話和傳眞聯絡。有時候，抬起頭來，不免覺得身處的場景，像一幅達利的畫，荒謬而虛幻。

後來，只剩我一個人。一樣上班、打卡、工作，中午休息，工作、打卡，不必和任何人說再見，下班。

有一天，就像任何一個平凡的日子，忙了一整天。忙碌自有一種充實的快樂，覺得對得起老闆，對得起自己領的那份薪水。下午，有人按門鈴，嚇了一跳。平常訪客不多，打開門，有兩個警察站在門外。

「什麼事？」

「可以看一下你們的陽台嗎？」

警察先生打開通往陽台的門，好奇地跟在他後面往外看。發現了一個人，臉部朝下俯臥在陽台邊緣，一動也不動。據說是樓上的住戶發現報警的，可能是跳樓自殺。

先通知老闆娘，然後，一片混亂中被帶到一旁作筆錄。

「有發現任何異狀嗎？」

「沒有，平常百葉窗都是關著的。」

「有聽到什麼聲音嗎？」

「沒有。」那位年輕警察不可思議地望著我。這個和屍體僅相隔兩尺，不知相處了多久的人，卻對另一個人的死亡毫不知情。

作完筆錄，不斷回想，是否聽到了一個人落地的聲音。中午好像聽到了物體掉落的聲響，但是早就習慣環境的噪音，喇叭聲、吵鬧聲、車聲，不能確定，是否聽到人墜地的聲音？

聽說是住在附近的人，最近剛失業，從九樓的陽台跳下。他的家人到九樓招魂，老闆從大陸回來後也去撚香致意，捐了一些錢做法事。

沒多久，辦公室就搬到另一個辦公大樓了。這件事，煙消雲散。

不知道為什麼，我的時間卻不斷回到警察進來的那一刻，有人在陽台發現了屍體……當時的反應是羨慕，羨慕他有自殺的勇氣。我的生活是一團死結，行程表排得滿滿的，不斷督促自己努力，卻不見轉機，只是讓死結纏得更緊。

如果我繼續為謀生而工作，有一天，我失去了工作，生命一片荒蕪，當我走投無路，那個人的命運將是我的未來。我們有什麼不同？
外表和一般人沒什麼不同，上班，下班。
十九歲走出體制，離開政大；進入社會半年後，鼓起勇氣去念衷心喜愛的中文系；奮鬥到二十七歲，一事無成，鼓不起勇氣再次抗爭。疲憊到了極點，自知只是行屍走肉，常常想要倒地不起。這麼接近眞實的死亡，似乎「我」也從那個陽台消失了。
放棄尖銳的鋒芒，一無所求，反而獲得了一種奇怪的平靜，反正也不會更糟了。那一陣子常常下雨，還是一個人，上班，卻有一葉孤舟的氛圍，彷彿整個世界就要被大洪水淹沒，回到《聖經》記載的年代，一切重新開始。工作空檔，偶爾會掀開百葉窗，呆呆地看著下不停的雨。
一直潛伏的想望，就在那一段時間，湧出了地面。伏流變成泉水，再也無法壓抑，無法忍受制式的上班生活，不能再爲工作而工作。
決定工作到那年最後一天。元旦，新年新希望。
第一年，文字工作室每個月的收入只有幾千元，苦苦支撐，竭盡心力去想如何讓自己活下去。寫報導、跑廣告、教英文、代辦入山證、參與籌備基金會……什麼都可以做，緊緊抓住每一個機會，順流而下。

從那一天起，不曾再上班，直到今天，已經六年了。堅持夢想的羽翼，向天空飛翔。

那個改變我一生的人，對他一無所知，他卻像季節的警鐘，敲醒了我，必須離開熟悉的地方，踏上一段與眾不同的旅程。就是現在，再不走就來不及了。

天氣愈來愈冷……

卷一

水鋼琴協奏曲

Time to Fly Home

【尋海】

穿上海的顏色　尋海去
重重窒礙阻我
聲聲嘆息轟我
我聽那海聲柔柔
懂那呼喚切切
魚　在灘上垂死掙扎　斑駁
魚鱗　惑了買魚人的眼
我穿上海的顏色　尋海去

【鱗　長出來了】

雨歇　光醒
抖落　閃閃爍爍　一大塊
藍水晶
疾行　緩浮
揚起了　碎碎的　水珠兒
偌大泳池　一人
獨游　游入了琉璃
游
不出世間
皮膚　有些皺摺
啊　鱗
長出來了

海的悸動

一個人最早的記憶可以回溯到哪一點？當我循著時光的軌跡往回走，盡頭總是一片海……

我爬上高高的岩石，白花花的藍，洶湧的海浪衝到腳下，整個人像要被吸走。一陣昏眩，周圍沒有半個人，強烈地想要縱身投入那片奇異的藍。下一秒，跌坐，恍如隔世，心中悵然。那年我三歲，小琉球，家人在遙遠的沙灘上。

從此以後，這一幕變成我生命的基調，一再重複。不論在什麼地方，不自覺會回到相似的景象。

穿上海的顏色，到書店找旅遊指南。看到一個可以露營的海邊，記下交通資料，坐了將近兩個小時的平快車，在一個從沒聽過的地方下車。火車站是一棟日據時代的木造建築，走出空無一人的車站，沿著防風林，走到空無一人的沙灘。踏浪、撿貝殼、拍照，那一年我十七歲，崎頂海水浴場。和閨中膩友坐在沙灘上，有說不完的心事，以及單純的快樂。

當我看到電影〈碧海藍天〉（The Big Blue）的最後一幕，身爲世界潛水冠軍的男主角賈克梅約（Jacques Mayol）無言把纜繩交給女友喬安娜，懷有身孕的她雖然痛哭，還是讓情人自由，毅然放下纜繩，讓他跳下一向依戀的人海。他潛到幽微透藍的深海，放開可以回到岸上的纜繩，跟隨他視爲親人的海豚，消失在黑暗中……

無法言語的震撼，似乎聽到有人說出深藏心中多年的秘密。不敢相信無人知曉的幻境，變成了眞實的影像。

潛水人隨著海豚消失的影像，一次又一次地在夢境中召喚。想起遠古時期，所有的生物都從海洋而來，海洋孕育了一切，人類也是地球浩瀚生物中的一員。我，一個在亞熱帶島嶼出生的女孩，雖然一直住在看不見海的城市，必須花費很長很長的時間，才能看一眼海，想要回到大海的渴望，卻愈來愈強烈。

後來，讀到一篇有關人類起源的科學報告，提到人類可能是五百萬年前從水生猿類演化而來。因爲和其他靈長目動物相比，人類的鼻孔向下，更適合憋氣；人類的眼淚含有鹽分，和許多海洋動物一樣；人體還有潛水反應功能——游泳時心跳及其他體內活動，都自然減慢，一般這種反應只在海獺、海豹等海洋性動物身上才有。

「那我不是異想天開了。」驚呼出聲，一直無法解釋自己的渴望，悖離常理卻如此眞實。

如果人類在某段時期曾經生活在海洋裡，那我從小的冀望，也許是人類的集體潛意識——希望回到如羊水般安全的海洋，一代代遺傳，在某些人身上特別明顯。

在陸地上的生活，必須面對學校、家庭、社會、情人、朋友，複雜的人際關係是一個綿密的網，必須壓抑眞實的自己，扮演另一個人，從早到晚，爲了別人的眼光而活。只有夢境不受控制，夢裡的世界光怪陸離，醒來的生活，平凡無奇。懷抱著自由的夢想，一再碰壁，無路可走，此路不通，十九歲開始自力更生，在社會橫衝直撞，傷痕累累，越來越不自由。

不敢照鏡子，不認識鏡子裡的人。

只有海，可以讓喧囂的噪音沉靜。有一年，漂流到基隆，很奇怪以前千里迢迢從台北冒雨騎機車造訪的廟口小吃，眞正住在基隆卻失去了胃口，「那是給觀光客吃的。」每次總是匆匆走過。

分不清台北的雨和基隆的雨，有什麼不同，至少拿著雨傘在人潮中對抗酸雨是一樣的。晚上經過基隆港務局，總是會停下腳步，走到港口邊的繫纜柱，倚著圓柱看海。擁擠的貨櫃輪只剩下黑影和一盞又一盞黃色燈光，倒映在黑漆漆的海面上，變成破碎流動的光影，細密的雨絲飄落在水面上，整個港口霧濛濛的。那年我二十七歲，基隆港，拿出手機卻不知道要打給誰。

天空有「黑鳶」盤旋，基隆港特有的老鷹，像剪紙般的身影，在風雨中一再迴旋……

【魚屋】

家裡養了四條魚
一條　　水裡游
三條　　空中遊
水裡游的　吃飼料
空中遊的　吃涼風
吃飼料的　愛打架
吃涼風的　愛談心

總有一天　總有那麼一天
帶著家裡所有的魚
游過窗口　遊過城市
飛向永恆的藍色故鄉

水中之光

冬天的海，波浪狂暴地怒吼，一波接一波。當碎浪能量累積到最高點，忽然落下來那一剎那，水中出現了一股奇異的光，土耳其藍、寶藍、深藍、湛藍、淡藍……搜尋所有的字眼都無法描繪，只是怔忡。

「就像是冰山的藍，藍得令人心碎。」旅伴Vicky脫口而出，她曾經到過阿拉斯加，直說哥倫比亞冰河就是這種顏色。

遠望，彷彿看見海另一端的南極大陸，萬年冰山斷裂，發出轟隆巨響。冰化為水，夾帶著冰冷的風，直撲向雙腳所在的古老陸塊而來，一點一滴雕琢出南澳驚心動魄的海蝕地形。

身處澳洲大洋路上的阿波羅灣，距離墨爾本有九天的車程，當然，是指單車旅行的速度。一路上，頂著刺骨的寒風前進，沿途經過的度假小鎮，清一色空空蕩蕩，咖啡店、餐廳、商店、旅館，就像是影城的佈景，少了人聲喧嘩的眞實感。海灘唯一的訪客，只剩下聒噪的海鷗，無畏刺骨寒風，自顧自地盤旋、覓食、理毛、吵鬧、擊水，偶爾停下來休息。我們坐在河流的出海口，緊緊裹著Gore-tex防寒外套，冷得睡不著。

「我們有免費的衝浪板哦。」青年旅館老闆的女兒突發奇想地說。

「不了，謝謝。」我們兩人驚恐地謝絕，雖然知道這一條穿岩鑿壁的海岸公路，以將近兩公尺高的巨浪著名。淒風苦雨中，只想靜靜坐在有壁爐的溫暖客廳。

「露脊鯨魚（Southern Right Whale）出現了。」消息從不遠的沃娜普（Warrnambool）一路傳到阿波羅灣，每年冬天到沃娜普生育的鯨魚現蹤了。

「希望我們也可以看到。」欣喜地互望。

坐在老舊的沙發上聽〈巴黎野玫瑰〉（*Betty Blue 37。2*）狂放淒美的音樂，回想一年前，住在基隆一個不到三坪的房間，靠著旅遊、美食和藝術報導勉強維生。一心想要文學創作，在生活的重壓下，卻一個字也寫不出來。只能寫詩，一首又一首，無望地寫，寫完就收在抽屜裡。

義無反顧地支援Vicky的夢想，我們兩個人之中，至少有一個人是快樂的。

等到Vicky出發以後，在又濕又熱的基隆看著美麗的明信片，裡面藏著一個無法拒絕的邀請。

爲什麼要加入Vicky的單車旅行?出發前不斷自問。

到舊金山會合的前一天，趕一篇美食的稿子直到天亮，從基隆帶著單車、補給品及一堆行李趕到桃園機場，卻錯過了飛機。事先買的是廉價機票，規定嚴格，必須先回台北換票加價，才能再次搭乘，得不償失，隨身攜帶的微薄旅費又少了一些。意外多出一天的空檔，狠狠地補足一直不夠的睡眠。在舊金山機場見到Vicky，她精神奕奕，一點也看不出前一晚露宿街頭的疲憊。

從舊金山灣的海霧開始，見識大自然的神秘莫測。海洋不是名詞，而是動詞，有很多出人意料的動詞變化。有一晚，在蘆葦環繞的海崖上露營，半夜似乎聽到狗叫聲，後來才知道是成群結隊的象鼻海豹發出的。從懸崖邊可以看到一大群肥胖的海豹，懶洋洋地躺在沙灘上，不必騎單車的海豹，令人羨慕。

爲什麼要加入Vicky的單車旅行?在艱辛又漫長的旅途中不斷自問。

到大洋路前，住在澳洲朋友美願家，那是在墨爾本一幢六十年歷史的老房子。她熱心介紹我們看〈巴黎野玫瑰〉，這部一九八六年的法國片，公認是描寫愛情狂暴及眞摯的抒情藍調。印象最深刻的是，影片剛開始，貝蒂一把火把房子燒了，和男友佐格在海邊興奮地歡呼，一個翹家少女及油漆工，一起奔向自由的未來。經歷了甜美、挫折、患難、相知，個性激烈的貝蒂受不了佐格的小說一再遭受退稿，她不懂爲什麼別人看不到她所看到的世界，終於精神崩潰，最後以悲劇收場。失去摯愛的佐格，以後每一部創作總是有貝蒂的影子……

特立獨行的個人總是不見容於社會，衝突一再考驗有夢想的人。整部電影的畫面自然詩意，男女主角演技精彩，尤其是碧翠絲·達利演活了深情又瘋狂到歇斯底里的貝蒂。

看完電影，不斷回想貝蒂火燒房子那一幕。也許，這就是我的理由，去做一件自己從來沒想過的事，不論過程會遇到什麼，不論結果如何。至少可以說，我已認眞活過。

一連三天，望著阿波羅灣的浪，聽著美願送我們的〈巴黎野玫瑰〉錄音帶，發現一波波的海浪一路捲起，崩落，自然有一種韻律，暗合舒伯特的音樂，甜美中帶著陰影。人總是追求愛、追求自由，卻並不一定可以如願。

很難形容那是什麼感覺，從小一直想要回應海的呼喚，這一路上，朝夕相伴，海浪變成習以爲常的聲音了。一直不斷追求，到底在追求什麼呢？如果明天發生意外，生命到此爲止，我甘心嗎？

決定寫遺書。沒有遺產可以遺贈，唯有文字，唯一的鮮花，可以送給朋友。

在海天一色的沙灘上，思考永恆有什麼意義。現在就是永恆，我和周圍的一切，曾經存在，就是永遠存在，否則，所有的一切都是暫時的，又何必太在意。我有一天會化成腳上的沙，有一天會溶入水中，有什麼放不下的。

那三天，就像電影的慢動作，經過記憶的剪接，每一個片段都充滿了意味，畫面加上了藍色濾光鏡，事物都染了一層淡淡的藍。我當時並不明白，有一種模模糊糊的感覺，卻說不清，一直不想出發，想要停留在那裡。當時，只歸因於旅途的勞累。不得不趕路，冬天愈來愈冷了。

至少，有海一路相伴。

【藍色空間】

藍色琉璃　安靜無聲的邊界
海浪和鳥聲重疊
向一切輕輕告別
到閃亮夢境安歇

清涼空間　深沉律動的世界
海流與琴聲共舞
向時間輕輕道謝
往永恆故鄉出發

搖晃的光　悄悄的熱切
溫柔的黑暗慢慢包圍
美妙的孤獨　完全的自由
只剩感覺　不須思考

熟悉又嶄新的視野
無須語言的了解
不再有眼淚以及痛苦
放開所有的激烈
回歸　藍色空間

BLUE IS MY HOMETOWN
I WILL BE BACK

沙漠的潮聲

一向不喜歡沙漠。

在大自然的元素中最喜歡水，不論是河流、瀑布、湖泊、海洋、雨水、閃電、溫泉、冰山，只要和水有關，就充滿無法言喻的熱愛，至於缺水的沙漠，避之唯恐不及。

在澳洲紅土沙漠的中心（Red Center）——愛麗斯泉，爬到綠洲小鎮的最高點——安立丘(Anzac Hill)，舉目所望，四周一片紅土，點綴著貧瘠乾枯的矮灌木叢。無論是往北到達爾文，或是往南到阿德雷得，都必須走一千五百公里才能看到海。如果開車時速一百公里，必須連開十五個小時；如果一天走三十公里，必須走將近兩個月。Vicky利用清晨及黃昏騎單車，避開正午將近攝氏五十度的高溫，花了一個多月，到達愛麗斯泉。這段計畫已久的縱貫沙漠之旅，我因爲意外缺席了。

在南十字座的星空下，回想這幾個月的人生際遇。離開阿波羅灣的第三天，接近沙漠的起點，我從單車上摔下來，昏迷不醒，在生與死的邊緣徘徊。接下來的日子，彷彿是電影的快轉帶，搭直升機回墨爾本、開刀、復健、回台灣、復健、開刀取出鋼釘。因爲腦震盪的後遺症，一直昏昏沉沉，在日常生活裡行禮如儀，走路搖搖晃晃，一轉眼就忘了，記憶非常脆弱，真實世界與我隔著一大段距離。

等待開刀的那段時間，一個人躺在父母家二樓後面一個悶熱的小房間，反覆地聽三張電影原聲帶〈碧海藍天〉〈A BIG BLUE〉〈巴黎野玫瑰〉〈BETTY BLUE 37。2〉〈藍色情挑〉〈*BLEU*〉，這三部是我最喜歡的藍色電影。後來，專心聽〈藍色情挑〉，震撼的音樂深深觸及一些無法解釋的心情。

當初看電影，很多無言的畫面，深受震撼，卻不能真正了解。女主角茱莉（茱麗葉・畢諾許飾演）在一場車禍中失去丈夫及女兒，她自己也身受重傷，當她可以站起來，第一個反應是企圖自殺。失敗以後，她選擇遺忘過去，帶著丈夫未完成的樂譜，脫離原來的生活，搬到一個新的公寓，不和任何人往來，常常半夜到泳池游泳，掩飾她無法抑止的眼淚。

有一幕是茱莉把手放在粗糙的牆面上，一路摩擦著牆面向前走，卻一點也不感覺痛。現在才明白，身體的痛苦可以忍受，內心的傷痛難以痊癒。

兩種主題的配樂交織出現，敘述她出生入死的心理掙扎，從一開始的遺忘和拒絕，終於面對傷痛，寬恕，重新獲得愛與平靜。有了面對生活的勇氣，完成先生最後的樂曲——歐洲共同市場的會歌。

在她掙扎的過程中，會歌和葬歌反覆出現，愛與死的雙人舞。會歌表達歐洲各國從愛出發，希望超越歷史的仇恨，以歐洲最早的希臘語合唱《聖經》的「愛」，以壯烈的音樂烘托祈禱文的神聖感。然後用一段女聲吟詠，不同的是她丈夫原先使用女低音，寧靜平和，她改成女高音，不斷發出悲劇的吶喊。最後八小節，他先生遺留的部分，她一個音符不改，只是用了很多樂器，來增加戲劇感。一開始是低沉鼓聲，接著人聲詠嘆，配合打擊樂帶進尾聲的高潮，最後響起孤寂的單簧管，寧靜地結束，留下無窮的韻味。

反覆聽這一段，為什麼愛除了美好，也包含了衝突、傷害、嫉妒、獨佔、背叛那麼多的情緒呢？

當茱莉想要用遺忘來面對死亡，悲愴嚴肅的葬歌卻一再響起，強迫她回憶過去。她為了保護自己，一再封閉真實的感覺，卻無法拒絕鄰居——一個妓女的真摯友誼。最後，也因為幫助鄰居，開啓了她改變的契機。

這一段音樂牽涉到生命的叩問，如果人一定要死，到底活著有什麼意義？在繁忙的生活中，不會想起這種哲學問題，當我幾乎失去一切，這卻是無法迴避的課題。

想起一些臉孔，從小到大曾經交會的人，去世已久的奶奶、永遠長不大的爸爸、堅毅任性的媽媽，疏於往來的親戚、曾經相知的朋友、曾經相愛的情人……也許是因爲放不下的個性，總是緊緊抓住美好的回憶，不能接受時空轉換，感情也會改變；一再苛責自己，只因自己沒有好好珍惜，感覺才會變。

此時此刻，在生命的叩問下，曾經那麼在乎的人，似乎一點也不重要了。第一次從「別人的眼光」跳出來，就像脫下一件重如盔甲的衣服，好輕鬆。

帶著這種疲憊卻輕鬆的心情，飛向南方大陸的墨爾本。走過大洋路，從南往北穿越沙漠，千里迢迢，再次見到Vicky。

發現她也改變了，歷經大自然的淬煉，認識許多徒手開墾家園的澳洲人，在一個四面都可看到地平線的地方，她看到了自己，自己的脆弱。因爲面對脆弱，可以眞正地堅強。

「你復原了嗎？」

「復原了，你呢？」

「我也復原了。」

經過一周以後，道別。她繼續往南騎，我一個人留在愛麗斯泉。

一般人該去的景點都已去過，沒有時間的壓力，只是閒晃。一件濕淋淋的衣服放在曬衣繩上，一小時就會乾透，沙漠眞的不一樣。乾熱的白天，最舒服的就是在青年旅館附設的泳池游泳，沒錯，沙漠的中心可以游泳，而且池水冰涼，眞不知道他們怎麼辦到的。從無可遁逃的酷熱，潛入藍色的水光中，自由自在地伸展四肢，洗去一路的塵土。這種極致的享受，就像巴黎香舍里榭大道的噴水池忽然湧出香奈兒香水一樣，非常奢侈的浪漫。

夜晚，望著一方微微發出幽光的泳池，在沙漠中想起對海洋的迷戀，反而更加清晰。輕聲吟唱〈藍色空間〉，只有自己了解的音樂語言，徘徊不定。

爲什麼一直把海洋當作心靈的故鄉呢？因爲不夠社會化，無法適應現實生活嗎？還是在人群中習慣壓抑自己去討好別人，覺得無法呼吸。想要逃到一個永恆的世界。

爲什麼是海洋呢？因爲不熟悉可以有很多幻想，還是嚮往豐富的海底世界？如果有天堂，應該是像小美人魚居住的海底王國，那麼，小美人魚又爲什麼要忍受失去聲音和雙腳如刀割的痛苦上岸呢？人總是嚮往遠方，追求自己沒有的東西。失敗以後，小美人魚寧願化成泡沫，也不願意傷害所愛的人，當她獲得永生的靈魂後，現在快樂嗎？

一連串的問題沒有解答，在紅色裡思索藍色的無限、神秘及空靈。

日復一日，探索沙漠的瑰麗，發現沙漠並不是一無所有，豐富的生命在這裡自由地繁衍。吃了原住民小孩從沙漠摘的野莓（Bush Berry），也吃過澳洲白人醃的野杏（Bush Apricot）；在路邊發現紅袋鼠的乾屍，在愛爾斯岩發現一大群頭上像戴了皇冠的鳥，充滿貴族氣質。和鴕鳥一樣大的鴯鶓，笨拙地移動龐大的身軀，發出難聽的叫聲。

最驚奇的一次經驗是，在曬衣場的牆邊，發現一隻褶鰓蜥。

第一次看見褶鰓蜥，是在「探索頻道」上，牠的頸部有一層薄膜，看來就像是侏儸紀時代的恐龍，古怪又有趣。頸膜除了可嚇退敵人，並兼有接收聲波、散熱和吸熱的功能。接著，牠站起來，用後腳瘋狂地向前跑，像是默片時代的卓別林，據說，牠可以連跑兩個小時，除了人以外，一般生物很少會做這個動作。

這麼珍稀的褶鰓蜥，竟然就在眼前，不敢隨便移動腳步，怕驚動了牠。

在澳洲火紅的太陽下，牠一身斑爛的大地色彩，就像是澳洲原住民的點畫，生動樸拙。在造物者的眼睛裡，是不是所有的生物都是美麗的？即使是沙漠中一隻身長不到一尺的蜥蜴，也值得給牠最特別的色彩，最神奇的生存本能。地球上的風景，不論是沙漠或是海洋，都有豐富的生物在其中生活，爲什麼離開水面已經五百萬年的人類，想要回到海底？

在寂靜的沙漠裡，我聽見一波波的潮聲……

【深海的鋼琴】

海面上　狂風暴雨
想像　燈火的方向
奮力游去

星空下　再也游不動
水母　閃爍水晶的光芒
仰望上方的光線
　閉上了眼　隨波
逐流

擱淺　在你的島嶼
你的眼　像蒼老的先知
你的笑　如頑皮的小孩
船難的夢魘　揮之不去
濃霧飄來　埋藏前世的記憶
　回首　一片空白

你輕輕招手　跳下海
下沉　游過搖曳的海草
　下沉　穿過迴游的魚群
海底
遠離世界的喧囂
　細沙上　古老的鋼琴

聽不見心跳
　聽見靈魂　在鋼琴上跳舞
生命的旋律　序曲
　愛情的熱烈　間奏
　　死亡的魅惑　終曲
曲終　人　散

海面上　曙光初露
看見　燈火的方向
奮力游去

全世界的海，呼喚我

旅行結束，潮聲跟著我回家。上樓，然後自己爬到閣樓，沉沉睡去。

我出門，在水泥森林穿梭，上上下下。黃昏，望著窗外高高低低的大樓，帷幕牆反射陽光，一片金黃，想起東非大草原的落日，大象家族緩緩回家。那種景象亙古不變，眼前的都市叢林卻是二十年間暴長出來的人類聚落，小小一地聚集了一百萬人，工作、娛樂、求學、休息都在其中，生活機能健全，遠離自然。一天兩天，一年兩年，很容易忘了這個地球上還有山，還有海。

海一步步退，退到遺忘的疆界。不再有看海的渴望，不再激起深沉的想念，如果注定了一輩子要待在陸地上，海洋只是前世的記憶。

盛夏，午夜一通電話，一把通往記憶的鑰匙。隔天清晨，跳上一台車，一路往南。

千辛萬苦來到墾丁的南灣，黃昏時分，陽光依然猛烈。台灣海峽波濤洶湧，從沒在南灣看過這麼大的浪，右側海岬延伸到貓鼻頭，左側看不見的極點是鵝鑾鼻。走過沙灘上雜亂的陽傘和塑膠椅，避開一旁的水上摩托車，聽說海上颱風警報已經發布，正想接近水，「嗶！嗶！」一個穿制服的人走過來，示意要我離開。往回走了幾步，不死心又往海水移動，「嗶！嗶！馬上離開。」被迫後退到岸上，擠在停車位中，眼巴巴地望著海，一波又一波。

一群人又殺到小灣，小灣一邊是凱撒、福華充滿熱帶風味的五星級度假飯店，一邊是天色漸暗的小海灣。走下沙灘，「喂，聽不懂哦，不要下水。救生員走了，沒人救你，拜託一下好不好……」一個臉色鐵青的歐吉桑穿著白色上衣及短褲，大剌剌坐在裝滿冷飲的大型冷箱前，用麥克風不斷咆哮，痛罵膽敢下水的人。環顧四周，這是海沒錯，雜亂的設施，悶聲不響的遊客，低劣的旅遊品質。

沒關係，既來之，則樂之，不能下水，拿出充氣汽球來玩。那是到澳洲的塔斯馬尼亞獲贈的紀念球，我們在首府荷巴特剛好遇到一年一度的澳洲帆船賽「From Sydney to Hobart」。清晨，在海灣山坡上的露營區，俯視帆影在透亮的海面緩緩移動。啊，從雪梨來的帆船抵達了，熱烈地跑到碼頭歡迎進港的水手。

安渡最後一段艱險的巴斯海峽，水手激情地開香檳慶祝，聽說前一夜海峽的浪高達十多公尺。前一年的比賽遇上暴風雨，有十多名選手發生意外死亡，造成比賽有史以來傷亡最多的慘劇，所以今年的安全措施特別森嚴。我們到達時，還有幾艘失聯的船隻，生死未卜，持續聯絡中。

看著汽球上的圖案，還記得第一名是Nokia贊助的丹麥隊，不愧是維京人的後裔。現在，就要用這顆球，開始享受台灣的夏日海灘了。

打沒幾分鐘，球卻不偏不倚，正好掉入咖啡座旁的大垃圾桶。撈起沾滿污水的汽球，穿過人潮洶湧的沙灘，找到那個「暫時」停止咆哮的麥克風老伯，「可以洗一下球嗎？」「二十元。」他不耐煩地回答。

唉，拋下那顆球，拋下所有人，已經厭煩扮演陸地上的角色了，走向海。在觸不到海水的沙灘上坐下，夜幕低垂。

紫藍色天空下，闃黑的岬角包圍著海灣。海水穿過天然的屏障，一波波湧來，流過我，流向記憶，天地一片靜寂。

一股奇異的感覺流過全身，「全世界的海，呼喚我」那種感覺很難形容。跳脫時空的呼喚，連綿不絕，難以言喻，近似夢境深處的低語、生死之際的領悟……

曾經走過的海岸線像電影底片，一幕幕在心中快速轉換。直到此刻，才瞭解我多麼幸運，竟然珍藏了那麼多海洋的片段，那些片段，都是紮紮實實用每一天的生命換得的。自以爲縱貫大陸的旅行，其實只是在大海的腳邊踽踽獨行，呼吸鹹濕的海風，浸淫溫柔的海水。

無論旅行多遠，依然在海洋的懷抱裡。

首先浮現的是澳洲大洋路的海，淺藍通透，伴著灰灰的天空，最適合聽爵士。在空無一人的海灘上，彷彿看見一個吹著薩克斯風的樂手，全身隨著音樂輕輕搖動。那種淡淡哀傷又似乎看透一切的曲調，伴著海鷗的叫聲，在心中迴盪。

一向喜歡冬天的海，別有一種冷冷的清明。

而紐西蘭南島西岸的塔斯曼海，一整年風雨不斷，陰濕狂暴的脾氣，贏得了「West coast is wet coast」的謔稱，像是一個不可理喻的情人，常常爲了小事哭鬧不休，搞得人身心俱疲，不知道要愛還是要恨。日復一日在淒風苦雨間前進，第一次想要逃離，再也受不了這種喜怒無常的海。混著海水的嚴寒雨絲，彷彿永遠沒有止境，看著以猛烈之勢席捲而來的巨浪，規律潮聲有催眠效果，彷彿在誘惑陸地上的人魚，投身其中……

相形之下，溫暖的印度洋則平靜如內海。

在東非海岸線，一連串回教的海邊村落和島嶼，如同婦女面紗下襬的刺繡，散發歷史的光暈。沿海漁民維持千百年來的生活方式，清晨搭乘三角帆船出海捉魚，當我們起床，看到的是在陽光下滿載而歸的帆船剪影。趕緊跑到臨時魚市場，搜尋沙灘上一堆堆的漁獲，買了一條藍色黑點的熱帶魚煮湯，還有兩隻大螃蟹和蝦子清蒸。蹲在飯店外潔白的沙灘上，興致勃勃地用汽化爐和鍋子烹煮，不必加任何調味料，鮮美異常。兩個人對著海浪讚不絕口，引得飯店經理出來察看，這兩個騎單車來的客人不在餐廳用餐，躲在棕櫚樹下做什麼。「It's tasty.」舉著螃蟹熱切地向他推薦，可惜他一臉茫然，搖搖頭就離開了。無法向他解釋，我們生長的亞熱帶小島，漁業已發展成遠洋漁船的規模，這種自給自足的古老捕魚方式，早已消失。

輕輕拍打的海水呈現夢幻般的靛青色，珊瑚礁在外海搭建了一個豐富的海底世界，讓色彩繽紛的魚類悠游其中。搭乘樹幹挖空的小船到無人島探險，茂盛的紅樹林緊緊抓住淤泥，維持海水清澈，保護珊瑚礁。在沙灘上發現小小的螃蟹橫行，海鳥在淺灘上捕魚，跳下水，感受海水溫暖如絲，向著海平面游去，離岸愈來愈遠。天高海闊，沙灘上的人影小如螞蟻，身體隨著海流漂浮，隱約可見海底樂園的魚群游過，心曠神怡，私心希望這樣的景象永遠不變。

海是所有生物的家鄉，給我無以倫比的能量。上岸，繼續旅行。

最後在南半球的大西洋，獲得上天的恩寵，有了無法解釋的經驗。至今，準備寫下一切的此刻，還不敢相信那是真的。

南非的好望角位於印度洋及大西洋的交界，面臨印度洋的海灣溫暖平靜，瀕臨大西洋這面的海水冰冷，波濤起伏很大。帶著遠從台灣趕來會合的弟弟妹妹，天天體驗刺激的行程，包括山崖健行、單車漫遊、觀察非洲小企鵝、酒莊騎馬、衝浪課程，特別是衝浪課程，雖然穿了防寒衣，在冰冷的大西洋中，連教練都忍不住發抖。學會了基本技巧後，利用幾個大浪，倏地衝回沙灘，體會了波浪的強大威力。幾個回合後，又飢又凍，回到岸上吃冷冷的三明治果腹。海風狂吹，躲在低矮的樹叢後面，減少飛沙走石的侵襲，「眞不知道爲什麼要來？」「那不是你安排的？」聽了妹妹的話，冰凍而遲緩的頭腦才想到，沒錯，這一切都是我自找的。

過一會兒，妹妹躍躍欲試地催促，只好不情不願地站起來。不會游泳的弟弟假裝和沙灘上的小狗玩，逃避再次下水。教練又帶領我們姊妹——浪裡白條，兩條在大浪裡垂死翻滾的白帶魚。

最後一天的海上獨木舟課程，受到驚嚇的弟弟堅持他只想自己到碼頭的購物中心閒逛，一向不喜歡水的Vicky受到我們姊妹的影響決定加入。在上豪特灣穿好防寒衣分配獨木舟時，鼓勵妹妹和外國人一艘，至少可以練幾句英文，我和老搭檔Vicky同一艘。

等到出海就發現，我錯了。奮力地划著小小的槳在海浪中前進，其他獨木舟都緊緊跟隨著教練，卻只有我們這一艘遠遠落後。看來大家的水上活動經驗都很豐富，除了我們這兩個來自亞熱帶島嶼的東方人。遠遠看著妹妹悠閒地用槳撥水，她後面那位外國帥哥身手矯健，獨木舟像箭一般滑過水面，無限羨慕。眼看我們的船緩慢蛇行，兩人互相指責，唉，同舟卻不能共濟。

將近中午，經過兩個多小時與浪搏命的航程，終於看到海豹島，一塊高於海平面不到五尺的小小島嶼，上面擠滿了海豹。據說有一萬多頭海豹在此棲息，現在剛好是交配期，可以看到牠們覓食、嬉戲、哺育的熱鬧景象。肥肥的身軀不是懶洋洋地躺在岩石上，就是噗通一聲，跳下水游泳，在水中敏捷的身影如一團黑色的火燄。

教練示意我們在海豹島旁的無人島上岸，一身濕淋淋的我們在海風中野餐——三明治和香蕉。躺在礁岩上，聽著海浪混著海豹的叫聲，心無罣礙，身在非洲大陸最南端的海角，遠離陸地上的紛擾。

回程，先繞海豹島一圈，默默向這些可愛的動物告別。希望牠們繁殖順利，一直擁有這個海角樂園。

當然，其他獨木舟一下子就不見人影。當我們努力地划船前進時，一件不可思議的事情發生了……

有幾十隻海豹跟著我們，在我們的獨木舟周圍跳躍玩耍，姿勢曼妙，就像跳水上芭蕾。大多成雙成對，有時從不同的方向躍出水面，在空中劃出一個完美的弧形交會而下；有時身體倒立，只有尾鰭露出水面，滴溜溜地旋轉；有時一前一後地交互跳躍，像在水面賽跑；還有對著我們搖頭晃腦的，真是太可愛了。看到這一幕，我們說不出話來，也不知道發生了什麼事，一邊划著槳，一邊張大了眼睛，把每一秒的畫面深印腦中。直至今天，一想起這個珍貴景象，還是感覺全身發熱，好像親身參與了海洋的歡樂慶典，難以忘懷。

那些和善的海豹整整跟了我們兩個多小時，一路嬉鬧不已。我們沉醉在這種奇妙的交流，一點也不感覺累。一直到我們上岸前一百公尺，牠們才紛紛離去。望著牠們的背影，興奮地問教練：

「海豹都會這樣跟著獨木舟嗎？」

「不，我也是第一次看到這種奇景。一般來說，牠們不太會靠近人。」

好望角是我們旅行的終點，也是回家的起點。一直記得在大西洋的海面上，有一群海豹，一路相送。

半夜，靠在半山腰民宿陽台的欄杆上，從南灣吹來的海風讓白天的暑氣全消，隱約可見貓鼻頭燈塔的光點在暗灰色的海面上閃爍。戲水的人潮散去，喧囂沉寂，只剩下「轟—啪啦啦—轟—」海浪氣勢萬鈞地捲起又頹然落下的聲音。

浸淫在南台灣略帶腥味的空氣裡，又想起在大西洋嬉鬧的海豹……

爲什麼牠們會跟著我們呢？回來後找遍相關的書籍，只提到海獅會和人親近，可以訓練海獅表演，卻沒有海豹接近人的報告。查資料的過程中，了解海豹如此靈敏是有原因的，「海豹的聽力水裡比水面好，可以敏銳辨別聲音方向。眼睛在水面及水中都可以看東西；潛水的時候，緊閉耳朵和鼻孔暫時停止呼吸，就算在水中睡覺也一樣。最特別的是鬍鬚，可以讓海豹感覺到一百八十公尺以外的獵物，幫助牠們在黑暗的極地冰洋覓食。」

如果海豹能夠聽見水底的聲音，牠會聽見深海的鋼琴嗎？

如果海豹能同時在水面及水中看東西，牠會看到陸地上的我和海中的我有什麼不同嗎？

如果海豹的鬍鬚這麼靈敏，牠可以感受到我從小到大對海洋的熱切追尋嗎？

在夜色的掩護下，光怪陸離的想像無止境地發酵。好的答案不如好的問題，好問題會激發很多異想天開的答案。

幾千萬年前，海豹是生活在陸地上的哺乳動物，爲了回到水中生活，演化出適於水中活動的流線型身軀和特殊構造。唯有適應新的環境，牠們才能繁衍生存下來，海洋並不是牠們的幻想，而是眞實的故鄉。

而我，走過全世界的海岸線，苦苦追求什麼也不求的海，終於能夠釋懷，長久逃離陸地的想望，可以平息。只有在陸地上活著，眼前不快樂的一切，才有替代的可能，睜開眼睛，眞正看見這個世界。

在家鄉的海邊，了解有所取捨的自在。人生，並不是是非題。

感謝那一群可愛的海豹，讓我領悟生命本身的美好，現在就該盡情歡笑，盡情跳舞。盤旋心中多年難解的苦，大都是一點就通的盲點，雖然不能像海豹一樣靈敏，至少，我的快樂，不少於在水中嬉戲的牠們。

那一夜，在陸地上又彷彿在海中的我，聽到水鋼琴協奏曲……

【水之狂想曲】

喂　洗澡了
我來了

放一池礁溪的溫泉
加一點蘇澳的冷泉
嗯　水溫剛好
灑一些基隆的雨水　有海風的味道
召來杉林溪的霧　有森林的味道
啊　叫好朋友一起來

喂　先洗頭
好　等一下

打手機給抹香鯨　喂喂　你在花蓮
伊媚兒給台灣白海豚
啊　你在白沙灣
沒人陪我玩

喂　來洗臉
好　馬上來

坐好　要出發了
搭船到關渡　大白鷺
在抓魚　小彎嘴在唱歌
啊　還有五色鳥
躲在樹洞裡
接到緊急情報

快走　全速往南

直奔墾丁

噗通　下水

珊瑚產卵了　像天上的星星灑落在黑夜

喂　洗一下腳

好啦

給我合歡山的雪

　　阿里山的雲海

　　秀姑巒溪的激流

　　清水斷崖的海浪

我要坐世界上最刺激的雲霄飛車

洗完了沒？
快好了

最後　我要到十分瀑布
　　那裡有一道彎彎的彩虹
　　我要跟著彩虹飛上天
飛到外太空
　　我看見
宇宙裡　有一顆美麗的藍色星球
　　那是我居住的地球嗎？

洗完了吧
咦　小朋友不見了？

卷二

Time to Fly Home

我從火中走來

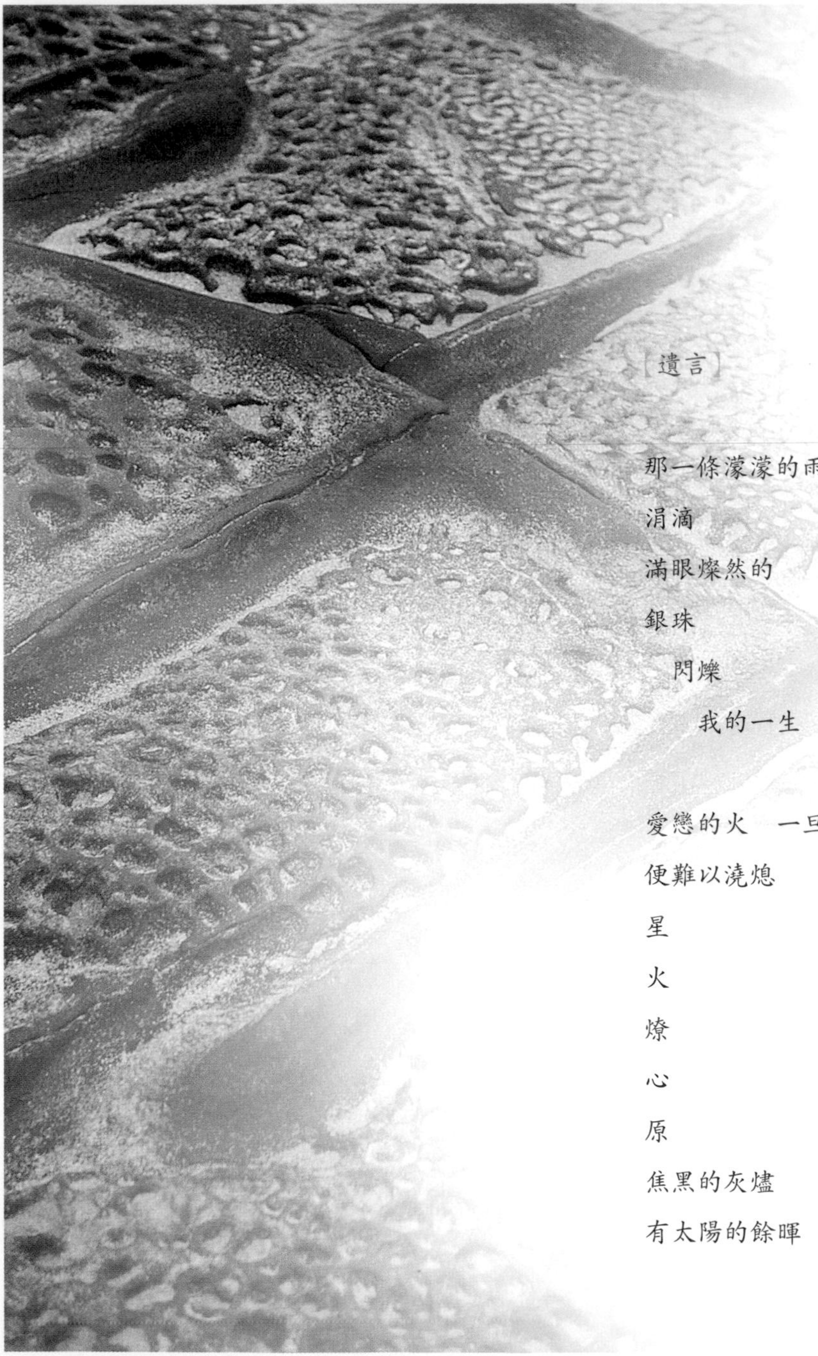

【遺言】

那一條濛濛的雨路
涓滴
滿眼燦然的
銀珠
　閃爍
　　我的一生

愛戀的火　一旦燃起
便難以澆熄
星
火
燎
心
原
焦黑的灰燼
有太陽的餘暉

日記・一生

一九八四年六月四日上午七點二十五分，十四歲的我，在生平第一本日記本寫下了：「因為江惠如老師的啟發，告訴我們要隨時觸發，所以買了這本手記，想把每天所看的、所想的寫下來。」看著稚拙的字跡，沒想到一個決定，持續了將近二十年。一路走來，用筆捕捉心靈深處的微弱聲音，每一頁空白的日記，就像山壁，反射波濤起伏的聲波。回聲迴盪在山谷中，陪伴那個羞澀的小孩，一步步向前。

你寫日記嗎？這似乎是一個愚蠢的問題。「有啊，被老師逼迫！」「有啊，寫過一陣子就不寫了。」很多朋友聽到我寫日記，都露出欽佩的表情。似乎偉人才需要寫日記，戰火烽煙的日記是歷史的史料之一，平常人哪有那麼多事好記。

你可以想像嗎？不知不覺，已經習慣了，這樣的依賴，唉，真不知道如何形容那種感覺。曾經想過，如果忽然離開人世，唯一放不下的東西就是那一大箱的日記。看《夢憶非洲》一書中，作者庫琪決心離開故鄉義大利到肯亞展開新生活前，把從十二歲開始寫的日記全部燒了，站在濃煙前看著自己的過去化為灰燼。她那堅強的身影，久久縈繞心中，不斷自問，也會有那麼一天嗎?爲了浴火重生,可以把滿載情感、思索、困惑、期許、喜悅、悲傷的成長紀錄,一次銷毀,需要多大的勇氣?不必再依賴文字?對於我是不能想像的。早已習慣躲在文字建成的安全堡壘中,不論遇到多慘烈的風雨,總是有一個可以回去的地方。

即使從生死邊緣回來,也是馬上提起筆來,在日記上一個字一個字記錄最深層的體悟。似乎只要變成文字,一切的磨難就有了意義,可以面對現實。醒來後在醫院不斷開自己的玩笑,逗得醫生和護士樂不可支,一向的幽默感也突破語言的隔閡,邁向「國際化」了。

那份豁達,可能來自早已構思好遺書,隨時有離開人世的心理準備。無法再隱藏自己的淡泊性格,有生就會有死是自然不變的法則,一個簡單的道理,卻是從小不斷用文字辯證的問題。一個小孩,似乎不應該有看淡生死的人生哲學,只能獨自在日記裡摸索。直到這一刻,終於了解智慧不是向外學習,而是相信本來就深印心中的哲理。

爲什麼要寫?不寫很難受,如魚刺在喉,只爲快樂而寫。當堅持不再是堅持,變成習慣,寫日記已經變得像呼吸一樣自然。記得曾有一個月害怕洩漏心中的秘密,不寫日記,結果,心亂如麻,產生禁斷症狀,無法集中精神做任何事。渴望讓腦中紛飛的文字重整,各安其位。一個接一個的思緒不斷湧出,記憶體無法負荷,快要當機了。

當然,再次提起筆。

如果有一天，知道自己的日子不多，會怎麼處理日記呢？像庫琪一樣燒毀，陪伴我回歸塵土，或是送給親友當作紀念？嗯，好像不太適合，而且，少了可歌可泣的驚悚內容，也沒有公開的價值。想一想，花費那麼多心力的日記，似乎沒多大保存價值，當「我」已經消失，還有誰會在意「我的日記」呢。

然而，這位相交二十年的摯友，就像深夜裡，漫步街頭的影子，當全世界都離我遠去，還是忠實地相隨，亦步亦趨。誰能捨棄這樣的朋友？

年輕太忙，沒有時間回顧，寫了那麼多日記，也沒有心情看。長長的旅程結束，決心檢視一路的成長軌跡，重新出發，拖出那個裝滿了手記的大箱子，全部攤開，從頭看起。

遇到了一個陌生人，那個人明明是過去的我，卻早已遠離，離開的時間太久，連臉孔都記不起來。國中時，常常嚴厲地教訓自己，做錯一點小事，痛不欲生一個月，渴望滿足周圍每個人的期望。國中的畢業典禮前，教國文的江惠如老師特地寫了一張紙條，請同學拿來給我，打開一看，工整漂亮的字體寫著：

對待別人寬厚，但也不必苛責自己。感情的事，就隨緣吧！

那張紙條，經過十多次的南北搬遷，保存至今，像是一則預言。無論是親情、友情、愛情，總是因為相同的原因，一再跌倒，台語所謂「軟土深掘」的個性，不斷盲目地付出，容易受人利用。一次次的傷口癒合，長成堅強獨立的玫瑰，有刺，可以自我保護。當玫瑰回首，看到以前的含羞草，簡直不敢相信是同一個人。

看以前的日記，就像搭小叮噹的時間機器，不自覺想要指導看來愚笨的自己。卻忘了現在的我，也是有很多想不透的事、解不開的結，必須要有更高的心靈高度，才有更好的視野。

買一本日記吧！旅行途中，每次看到特別的筆記本，總是買下，即使平時總是斤斤計較背包的重量，還是願意承受。因爲，早已認定，日記，是一生相隨的影子，靈魂，投射在人間的痕跡。

你寫日記嗎？

【詩之一】

沾染　血跡和淚水
詩
一寸一寸
爬
生命的空格
留下
開滿鮮花的小徑

【詩之二】

詩　一座不得不玩的
迷宮　爲了逃離

詩，我的鴉片

為什麼寫詩？我無法回答。

詩像鴉片，一時讓人如登極樂，擁有全世界，體會創世紀的奇蹟；清醒後卻特別空虛，挫折感更深。不是沒想過戒毒，斷斷續續嘗試了幾年，意志薄弱，不容易完全根除。遇到低潮，往往舊病復發。

十多年來，數不清幾次與詩糾纏至夜深。人生就是寫寫寫，身體內的文字，躁不安，不停地狂喊自由，幾乎要受不了而爆裂。詩，是生存的必然。

早晨睜開雙眼，恢復理智，在腦中瀏覽一天的待辦事項。有些事緊急卻不重要，有些事重要卻不緊急，依據近期目標、中期目標及長期目標，調整優先順序。專心做事的過程中，日光逐漸隱沒，等到晚上，也許是月光，也許是茉莉花香太勾魂，身心都不聽指揮，只相信直覺。如夢遊患者，恍惚走進另一個時空。

逐漸明瞭，沒有詩，便沒有我。內心的曲折，不能在散文曝光，無法淬煉成小說，只有質地如石的詩，可以承接。

太年輕就選擇叛逆的人，注定傷痕累累。用微笑面對一切，眞正的我和別人眼中的我，誤差值太大，像是一個被迫登台的演員，不得不扮演自己應該扮演的角色，只想在台上尖叫，極力忍耐。

所以我在人群中寂寞，只想要逃離。

幸好還有詩。純粹由文字提煉的寶石，容不下一點虛假的雜質，在生命陰暗的轉角，閃爍光芒，每一顆都是精心收藏。打開收集十多年的珠寶盒，一顆一顆用軟布擦拭灰塵，有的未經雕琢，樸拙無光；有的過度切割，失去自然；有的讓人眼睛一亮，有的令人心裡一動。這一顆綠幽靈，在燈下細看，映照暗夜的徘徊；那一顆海水藍寶，閃爍心靈的波動，還有半透明的圓潤鵝卵石，年輕的銳角，在碰撞中消溶。原來，我還有這麼多珍貴的記憶，詩，捕捉了每一刻的悸動。

如果生命剩下三十秒，只想留下一首詩，給世界。

除了詩，我一無所有。忘了在哪裡聽過，一朵玫瑰花對世界的意義就是一朵玫瑰花的美麗。我的詩，也許不登大雅之堂，可能無法佔據報紙版面，不能防癌、保護兒童或是促進世界和平，卻是我最美的玫瑰，臨別的贈禮。

當玫瑰綻放，抱怨培育的辛苦毫無意義。當一首詩完成，頓時忘懷煎熬的痛苦，爲了詩掏盡生命，心甘情願，受再重的傷都可以站起來，用對藝術的熱愛開出一條路。

回到原來的問題，爲什麼寫詩……爲什麼不呢？

【一個中蠹人的平凡夜晚】

今夜　很平凡
如同千百個已經消逝的夜晚
有一天會滑落記憶的彼端
一種奇妙的牽引
帶我到白紙前
身體內的字句嚎叫著
要從筆端流出　見見這個世界

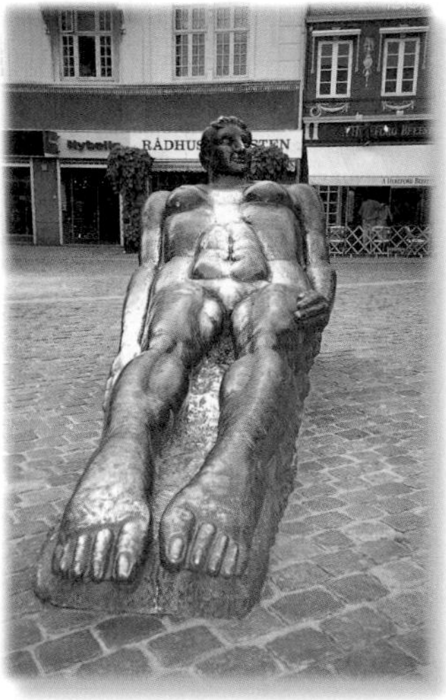

中了文字的蠱
不知多少年了
日以吃食文字維生
夜擁文字入眠
醒來記錄夢境
以爲可以抑制蠱毒
愈來愈大的蠱蟲　要破蛹而出
回到方格　有原始記憶的暖意
依偎在方格內　生命的起源
有了不朽的答案
獨留下中蠱人
瞠目結舌

詩化石

生命中有些時刻，你永遠不會忘記。即使歲月推移，所有細節就像電影的慢動作畫面，更加清晰。

第一次自費印詩集那天，太陽很大，開一台破舊的二手車到東海別墅。下車，拿著八年陸續寫成的詩作，小心翼翼像捧著一盤隨時會飛走的花瓣，幾度想要轉身逃走，還是一步步向前。身邊車水馬龍，擦身而過的大部分是年輕的大學生，純眞的臉龐笑鬧著。他們不知道，他們，連同街上的嘈雜喇叭聲，將要烙印在一個人的記憶中。就算因爲年代久遠，畫面稍稍泛黃，還是清楚記得影印店的光線、老闆的聲音、收據的樣式，走出影印店那一刻，腳步輕快，想要飛。飛到半空翻個筋斗，才能表達心中的狂喜。

人生有很多的第一次，有些印象深刻，有些渾然不覺。

記得十六歲第一次寫詩，就是把日記本當作畫布，小孩子隨手塗鴉的心情，一個字一個字寫下心中的風景。文字稚嫩、意象模糊，寫完覺得好玩，獨自看了一會兒就丟開了。

等到想要印詩集，已是八年後。八年，可以改變多少事情呢？

寫詩早已不是文字遊戲。不知不覺中，詩變成幻想和現實的秘道。

總是活在幻想的世界中，在現實中很容易跌倒、每次跌倒，習慣微笑，微笑站起來，繼續走，可以在人前掩飾，卻無法在詩裡隱藏。哭就是哭，笑就是笑，純粹的詩容不下一點矯飾。在清澈的鏡子裡看見蒼白的臉，無所遁逃的眼睛，裡面藏著一個幽閉的密室，不見天日。

詩是祕道中小小的燭火，心頭的火燄。

「爲什麼不把你寫的詩印出來呢？」聽到溪城詩會詩友陳正凡的話，心頭一震，火燄差點熄滅。

如果寫詩需要勇氣，那麼印詩集就等於是發瘋了。比日記更私密的詩，要暴露在陌生人的眼光中，一想到就不寒而慄。如果有人露出不解的眼神，中箭倒地，如果有人露出了解的微笑，更是倒地不起，而且，無法想像，在視覺感官時代，誰還會對這種古老的文字手工業感興趣？

一連串的問題都得到恐怖的答案，卻身不由己開始進行……（可見人是非理性的動物，尤其是寫詩的人。）

苦思數日後寫下詩集的構想：

1.簡單眞摯的手記形式（本想用再生紙，不過再生紙無法雙面影印。）
2.西式橫排，日期用阿拉伯數字
3.插圖的線條抽象，幽默可愛
4.大小爲A4的一半，即是A5
5.封面紙未定，考慮藍色雲彩紙、藍色防水紋紙、厚紙板等

構想好了，卻沒有美工的訓練，搞了一個月，心力交瘁，還是做不出來。請當美編的朋友幫忙，卻覺得匠氣太重，味道不對。

聽好友Vicky談起一位新認識的朋友，她在保險公司工作卻寫得一手漂亮的美工字，直覺好像找到人了。利用周六下午的時間到辦公室拜訪，阿香，一個剪著俏麗短髮身穿套裝的可愛女子，眞摯稍帶傻氣的笑容，是那種第一眼就會讓人感覺舒服的人。

攤開一大堆稿紙及影印紙，開始支支吾吾地說明，Vicky在一旁煽風點火，好像這是一個偉大得不得了的大計畫。她有些昏眩地點點頭，馬上開工，看她介於少女字和隸書之間的字體，自由地在全白的紙上揮灑，偶爾還加上幾筆配合詩境的插畫，文字似乎已跳脫了表意符號，轉化成抽象的線條。詩集，有了獨立的生命。

隨著時間消逝，阿香的微笑越來越沉重。已經寫了好幾個小時，卻還沒寫完，Vicky每次只拿出一兩張稿紙，然後安慰（或是欺騙？）她：「快寫完了！」她就像希臘神話中推石頭上山的西西佛斯，每次都以爲推上山頂了，石頭又滾下來。後來，連主管都跑來看她下班後不回家在寫什麼，得到答案後，一臉茫然，疑惑地走開了。

直到晚餐時刻，這個第一次見面的朋友，終於露出欣慰的笑容說：「寫完了。」我和在一旁支援打氣的Vicky，也鬆了一口氣說：「眞的寫完了，謝謝！」太好了，她的「義行」至今感謝，也變成彼此間難忘的回憶，每次回想都忍不住好笑。

不久，收到陳正凡的序，來不及打開門，就在簷前對著天光讀起來，他在序中寫著：「……她的詩，充滿著生死愛恨各趨極端的傾向，而在詩裡，她從不掩飾自己。人說詩人都很熱愛生命，我卻覺得，她寫詩，只重視人活著每一天面對生命時的感覺，《水光》裡的四十首詩，篇篇俱是她與現實生活纏鬥的見證。酷辣的字裡行間，亦可瞧出這名絕不向現實低頭的女子，以詩發出的高鳴……」看完，靠在門邊，望著天空慢慢變暗……

在詩集《水光——八年藏詩集》後記的最後一段寫著：

清晨，意識尚未清醒，便已翻滾紛亂思緒，掙扎著不要如此清寒的人生，總是冒雨前行，越過一道又一道的難關。只是想要，一點暖意。

終於鼓起勇氣印好詩集，不是出版，只是影印，情緒卻在狂喜和後悔兩端劇烈擺盪。第一次把裝訂好的詩集給人，緊張得胃痛，心跳加速，好像裸身上街，只想奔回家。

可以為了詩掏盡生命，為什麼不能面對讀詩的人？廚師費盡苦心做了一桌菜，不就是為了饕客的享用嗎？喜歡寫詩，是為了躲在文字後面，不敢面對人群，另一種自閉？

「哪裡在賣？」另一個朋友問。

竟然有人要買詩集，比外星人降落前院還要不可思議。風，有人要買嗎？

即使事隔多年，當時的羞澀不安依然在胸中迴盪。迷迷糊糊中，手中的三十本詩集一下子就散光了，也不記得給了誰，大部分的朋友都沒拿到。「再加印嘛！」面對這樣的要求，一句話也說不出來，要怎麼解釋心中的狂風、身體的暴雨，再也提不起勇氣重新經歷這一切。把原稿放在抽屜的最底層，讓遺忘一層層重壓，有一天，當詩變成化石，也許可以公開展示。

這就是我的第一次，印詩集的過程。

【我從火中走來・之一】

我從火中走來
　火　灼傷我的膚
　我的眼　也燃著火

煙塵漫漫
眼中只有你　你的眼
　微雨
熄了　我眼底的火
只因你　拂我一身
清涼

【我從火中走來・之二】

我從火中走來　已多年
　火　留下冰冷紋身
　眼溼了　再燃不著火

洪流漫漫
淹沒了你　你的眼
　發紅
照亮　我眼底積水

多年前從火中走來　我
抖落　一身的　光芒
只記得　滿天星點
遺忘
　火　的滋味

【我從火中走來・之三】

我從火中走來
火　燃燒我翅膀
　你的手　火柴滑落

雲霧漫漫
墜地看不見　你的眼
　流血
愛與死的圖騰

從火中走來　我
張臂　向天籟飛去
你已成　一點小小
黑影

裸身跳舞

「寫詩，那你會朗誦嗎？」朋友看著詩集問。

朗誦自己的詩作？好像裸身還要跳舞。掩面，跳回海中。

一直潛到聽不見海浪的地方，望著上方的微弱光線。無法回答的問題似風暴，掀起滔天巨浪，招架不住，只能躲在深海，等待風平浪靜。

接下來八年，詩的魂魄藏在深海，無聲的世界。

在寂靜中幻想詩的音樂。詩是文學及音樂的合體，兩千多年前的《詩經》就是歌曲的歌詞，三百零五篇詩歌都可以朗誦、演奏、歌唱、起舞。忍不住遐想，我的詩有什麼樣的可能。

大學時代，遇到彈爵士鋼琴的室友怡玲，兩人常常徹夜長談對詩歌及音樂的熱愛；即使進入社會工作，每次見面，必定重提新詩音樂的夢想，交換彼此的作品。離開學校五年後，一九九八年五月二十三日，她寄來一捲用空白錄音帶錄下的清唱，一共七首曲子，都由她作曲及演唱，聽到她清亮透明的聲音，唱出〈藍色空間〉夢幻深邃的旋律，思緒一下子就回到當初寫詩的心情，在千瘡百孔的現實中，苦苦追求心中的美麗境界。一遍又一遍地聽，直到五音不全的我也學會了。

有些事，必須等到時機成熟，才能眞正了解。

世紀末，到澳洲的塔斯馬尼亞搭便車旅行，飄流到一個名叫「天鵝海」的小鎭。偌大的青年旅館只有六個人，因緣際會共度千禧年，初識的旅人卻像家人一樣親密。接近午夜，一群人走到堤岸，荷蘭男孩爲每一個人準備了仙女棒，墨爾本女孩拿出白酒，大家站在冷冽的海中央，倒數計時，舉杯歡慶新世紀的來臨。

在偏僻的海角，和陌生人緊緊相擁，爲彼此祝福，在黑暗中鼓起勇氣，輕輕吟唱〈藍色空間〉並且翻譯詩句給大家聽。四周寂靜無聲，只有海浪低聲伴奏，直到這一刻，二十世紀的最後一天，我才知道，能唱自己的歌，是多大的快樂。音樂像酒，讓詩的情緒完全釋放，深具感染力。

怡玲把詩歌刻在錄音帶上，只要放進錄音機，就可聽到迴盪山谷的回聲。我把詩歌刻在心靈深處，只要風雨如晦，就可以聽到潮聲不斷，日日夜夜吟唱……

【奔】

電影裡　景物變成光束
和我擦肩
腳不停擺動　誰的
一跨　再跨
電影外　群眾聳動
衝破銀幕　成功

詩無邪，音樂無界

九月二十一日，到新舞台參加小提琴獨奏會「音樂無界——聽見俄羅斯」。會後，走到一樓，看見剛才在舞台上光芒四射的小提琴家張智欽，正被一群人包圍，默默走過去，低低說了一句：「候鳥返鄉。」他忽然愣住了，隨即大叫：「啊，你是Pinky！」兩人雙手緊握，那是我們第一次見面……

寫詩，記錄心情的轉折，已經變成習慣。

旅行歸來，寫了一本九萬字的《單車環球夢》，卻覺得魂魄還在外飄蕩。有時會望著天空發呆，還有一些感覺卻很模糊，直到看了一部電影〈鵬程千萬里〉，深深被候鳥波瀾壯闊的旅程震撼，令人屏息的電影配樂縈繞心頭。有一個冬日凌晨，再也睡不著，起床，寫了一首新詩〈候鳥返鄉〉。沉積在心底已久的思緒，終於得見天日。

詩寫好，音樂也完成，感謝Antonio（旅義音樂家陳鴻翔）爲新詩作了一首小提琴協奏曲，表達詩的意境。交響樂團的音效，可以拜託泰安（華納唱片製作人陳泰安）在錄音室合成，擔任靈魂角色的小提琴卻必須找音樂家現場演奏，才能表達深刻的感覺。但是，找誰呢？

Vicky想起去年在白河書法家陳世憲家中，曾有一面之緣的Kim（張智欽醫師），她曾看過他在國家音樂廳演奏小提琴的錄影帶。透過陳老師聯絡，沒想到他一口應允：「只要是和音樂有關的事，我都願意幫忙。」先把樂譜傳給他，很快他出現在錄音室。據說，他拿出小提琴，下巴倚著琴身，隨即流暢地演奏。錄音的過程很順利，一兩次就OK了，平常在錄音室總是嚴格要求的泰安欣喜地說：「這就是專業。」

看到他精彩的表現，Vicky上網查詢，才知道他除了是牙醫外，也是市民交響樂團首席及Bordeaux Quartette弦樂四重奏的成員。啊，原來他是有豐富演出經驗的小提琴家，Vicky唐突地要求他到錄音室演奏，他卻全力配合，Vicky直說她是有眼不識泰山。

當我第一次聽到他演奏的小提琴協奏曲時，即受到很大震撼。音樂的語言和文字的語言完全不同，似乎更深沉、更豐富。

不斷地聽音樂，小提琴的聲音就像一隻遠征的候鳥在高空飛翔，忽遠忽近。回想環球之旅，那是一段夢想實現的旅程，屬於靈魂飛翔的聲音。

「我想配合音樂朗誦。」忽然說出口，Vicky驚訝地看著我。身爲多年老友，她深知我連詩集都要藏起來的靦腆個性，加上天生口齒不清，竟然要嘗試在別人面前朗誦，就像三歲小孩要推動一塊巨石般艱難。

繞開巨石，四處尋訪名師。發聲、正音、表情、表演……愈問愈心慌，我連最基本的腹部發聲都聽不懂。孔子說三十而立，我三十歲才學說話，不亦遲乎？

既然遲了，只好努力追趕。原來不多言的含羞草，忽然變成聒噪的鴨子，連走路都對著招牌唸唸有辭。那一陣子，常逼得身邊的朋友咆哮：「住嘴，不要唸了，我要發瘋了。」終於領悟只能獨自練習。反覆聽著空白錄音帶裡自己的聲音，不忍卒聽，還是勉強自己，一次又一次地重複。

在練習朗誦的過程中，第一次深刻了解聲音是靈魂的語言。看似不經意的一句話，洩漏了那麼多深層的情緒，以前一直不願把話說清楚，是怕洩漏心中的秘密吧。心中壓著恐懼的巨石，難怪成果有限，習慣躲在文字的後面才有安全感，不願直接面對別人。躲在想像的世界中，在現實生活中缺乏生存能力，不願面對眞實的舞台。

一直無法說服自己，心中莫名地排斥，推不動巨石。

後來大膽爭取爲「繽紛旅遊網雙年慶成果展」的開幕茶會朗誦詩作，讓自己毫—無—退—路。

壓到底的皮球，終於反彈，彈得又高又遠。

病急亂投醫，Antonio在我的逼迫下，教導我人聲和音樂的對話方式，又強迫身邊的朋友聽我朗誦。在為音樂瘋狂的過程中，不知不覺也打開了我自己。表演前幾天，到七坑溫泉度假，交替泡冷泉及溫泉，同行的世琦學生時代是演講比賽的常勝軍，聽了我的困擾，不斷分享她的經驗，她說：「把觀眾當作樹、雜音當作風，你是在森林中朗誦。不要怕，只要你有信心，所有的事都是自然而然。你有自己的舞台，朗誦是一場表演，站上舞台吧。」

躺在溫泉沙中，仰望整個天空的雲，樹梢及山形為邊，整個身體埋在沙中，地熱在背部游走。躺了好久好久，忽然覺得自己是一棵樹，在此生根，吸收土壤的養分、陽光及雨水，努力生長，不必到處漂泊，只須極力伸展，自成一個世界，充足安寧。有一天，當靈魂離開，飛翔到那雲端之上，向著遠方，高空鳥瞰……，啊，我知道朗誦〈候鳥返鄉〉的感覺了。

那一天，在南投縣立文化中心，我站在舞台中間，轉過頭去看一眼Vicky。在這整個過程中，她一直陪伴著我，無怨無悔付出，促成這一切。當音樂響起，開始朗誦……

事前只是反覆演練，根本沒有時間緊張。朗誦完畢，卻緊張得胃痛，茶會的美食一口也吃不下。不敢相信自己敢在那麼多陌生人面前朗誦，那是詩，還是音樂的魔力？

可能為詩和音樂瘋狂的熱情，朋友也感受到了，不久，另一個邀約出現——在士林官邸的露天音樂台為「感恩大地」保育音樂會表演。那時，冒昧地用電子郵件與張醫師聯絡，邀請他到現場演奏。他回覆：

很謝謝你的抬愛，其實錄那首曲子，固定的節奏與錄音室內絕對精準的要求，對音樂情緒的表達是很大的束縛，現場演出應該會有更精彩的呈現，尤其加入人聲朗誦的元素，可以激盪出更深刻的對話，是的，我希望我那天也可以到場……

直到那時，我們還沒見過面，他卻一口承諾義務演出。可惜，音樂會和其他台北自然生態保育周的活動因為SARS延期，我們又交錯而過。

直到炎熱的夏天開始，收到一個音樂會的邀請，才知道九月二十一日，Kim將於台北新舞台舉辦小提琴獨奏會。二話不說，當然是排除萬難，盛裝赴會。

看著手中黑白色系的節目表，有關小提琴家張智欽的介紹，琳瑯滿目。七歲開始習琴、從小得獎無數……作過多次協奏曲的演出，尤其注意到一段話：「自其進入大學迄行醫二十多年的日子裡，未嘗終止音樂的演出及對音樂的追求。」

在素淨高雅以原木為主的舞台上，Kim和手中的小提琴似乎融合為一體，盡情揮灑，展現精湛的琴藝，整個人隨著音樂自然擺動，散發絕佳風度。擔任伴奏的鋼琴家蔡世豪巧妙配合，全場鴉雀無聲，沉浸在俄羅斯作曲家為小提琴和鋼琴所寫的奏鳴曲裡。其實很少聽沉鬱的俄羅斯作曲家作品，平常也並不喜歡小提琴高亢如絲的音色，這一夜，卻被小提琴豐富的表情征服了。演奏告一段落，旁邊一個也是七歲開始學小提琴的小四生黃兆佑，一臉驚懼地靠近他媽媽說：「好厲害哦。」

第二首奏鳴曲開始，思緒卻飄到下周將要舉行的保育音樂會。有這麼傑出的音樂家跨刀錄音，我的詩歌朗誦也不能差太多，俗語說：「輸人不輸陣。」就算他有事不能出席，舞台上只有我一個人，也要全力演出，對得起特地來參加音樂會的觀眾。

想起Kim在音樂會的邀請函中寫著：「誠摯地邀請您，於九月二十一日蒞臨新舞台，為仍堅持走在音樂無界這條路上的我，打打氣，拍拍手……」身為牙醫，他平常工作想必非常忙碌，卻投入需要花費大量心力的音樂表演，二十年如一日，堅持的動力應是對音樂的熱愛。音樂沒有界限，超越任何人為的障礙，傳遞人與人之間最直接的情感。

高雅的音樂饗宴在室內樂的方式下結束。全場觀眾意猶未盡，一再安可，最後才依依不捨地離座。

會後，兩人第一次見面，雙手緊握，在新舞台留下了一張盡在不言中的合影。

在詩的世界裡，孔子說詩無邪，無事不可入詩。但是，要用左腦後天學習的文字去捕捉右腦的直覺情感，就像水底撈月一樣，總是徒勞無功的時候居多。偶爾抓住了一點蛛絲馬跡，就像中了樂透一樣地興奮，以詩照亮了人生的幽微角落。

下一周，來回五個小時的車程，就爲了在保育音樂會台上十分鐘的演出。很多事無法用現實來衡量。

最近每天忙到半夜，一躺到床上馬上「昏」睡，一心想要好好練習，實在抽不出時間。距離上次朗誦已是半年前的事了，只能在出發前，利用一點點時間，配合熟悉的音樂演練一番，暗暗祈禱快要感冒的喉嚨不要在最重要的時刻「失聲」。

走進綠樹扶疏的士林官邸，一眼看到半圓形露天音樂台，那以不鏽鋼和壓克力爲材質的現代化造型，就像是《千面女郎》漫畫中，女主角寶蓮表演《仲夏夜之夢》的公園劇場。穿著隨意的觀眾可以坐在階梯上，完全開放式的場地，舞台實際尺寸比網路上的照片小巧，鬆了一口氣。

氣氛輕鬆，音響和燈光卻是專業水準，音樂會由「梅苓全人音樂教學系統講師示範樂團」

開場，清脆的打擊樂模仿風聲、雨聲、打雷聲，輕快的節奏是最好的熱場。接下來是影像音樂、保育種子授證，接下來就是我了。

站在直立式麥克風前，燈光亮得睜不開眼。台下一片漆黑，音樂響起，一個人站在台上，感覺並不孤單，將要隨著小提琴起飛，展開一段無與倫比的旅程。時而高亢時而低徊的琴聲，如泣如訴，獨自面對一整個交響樂團的重量，那是大自然的嚴苛考驗，唯有奮勇飛過，才能浴火，重生。

朗誦完，主持人之一美惠問：「創作這首新詩的靈感來源？」

「我們的單車旅行其實和候鳥很像，因爲速度慢，最重要的考量是氣候，總是追著陽光跑。但是，旅程中總有很多考驗，我在澳洲發生意外，幸好遇到很多熱心善良的朋友，撿回一條命。這讓我想到，台灣是候鳥遷徙的中繼站，其實候鳥的旅程也是一樣艱辛，希望候鳥辛苦穿越太平洋來到台灣，台灣人能好好愛護牠們，當牠們繼續往南飛，台灣是候鳥旅程中最美的一段。」

「嗯，我喜歡這一句，台灣是候鳥旅程中最美的一段。」

下一個節目由嘉寶國小的小朋友朗誦〈水之狂想曲〉，他們童稚可愛的聲音，讓詩句活起來了，作爲一個寫詩的人，非常感動。奇怪的是，這首受主辦單位委託而寫的童詩，這陣子引起的迴響，似乎遠超過我以前的詩作。不禁開始考慮轉行寫童詩，反正都是無報酬行業，可任意轉換職場。

接下來是關渡國中的干豆門詩社朗誦集體創作〈關渡，我的家鄉〉，從詩作中感受到他們對生活環境的樸實情感。上周才去淡水看紅樹林，好多的彈塗魚和招潮蟹，還看到小白鷺捉魚的精彩畫面。

最後是原音社的表演，由幾個不同族的原住民組成的樂團，當初在關懷社會的街頭運動作即興演出，到以現場演出爲主的創作樂團，熱鬧有勁地演唱他們自己的音樂作品，包括爲勞工而作的「賺呷人」、表達回鄉心情的「離開台北」，表達失戀心情的「我的琳娜」……全場隨著音樂搖擺，氣氛熱烈。不禁想到這些成人音樂，是爲了迎合年輕人口味的唱片市場看不到的，爲他們鼓掌，也爲主辦單位七星生態保育基金會的用心鼓掌，度過了一個愉快涼爽的夜晚。

詩無邪，音樂無界。當詩碰上音樂，誰知道會發生什麼事呢？

【夢舞台】

風雨中　一點希望
心中的海洋　大風大浪　天色蒼茫
（風中燭　微弱的光芒）
習慣掩藏　自己的傷
（不要微笑　不要說謊）

長夜裡　忍住絕望
心中的滄桑　無法釋放　月色蒼茫
（夜曇花　美麗的芬芳）
輕輕沉醉　你的眼眸
（不要落淚　不要悲傷）

黑暗中　等待燈光
下一秒　將要發光　夢舞台　啊　我的舞台
（去吧　爲你癡狂　去吧　爲你歡唱）

全世界　爲我打光

這一刻　大放光芒　夢舞台　啊　我的舞台

(來吧　我心蕩漾　來吧　我心飛揚)

卷三

Time to Fly Home

靈魂的氣味

【家族切片】

嬰兒瞳孔　倒映
阿母　那多產虛胖身軀
橫躺在陰暗角落　一點一滴凝成陰影

阿爸　無言仰望灰白天空
十年　站成雕像
斷氣了好久　才被發現

嬰兒舉步　一一衝出頹圮家園

女兒們的歌
　穿越龍眼花
散發青春　天眞香氣
　　　　落地
　組成　一個個　窩
彷彿預知
　再也回不去

不生根　花果快速腐壞
再次出走
只能　流　離

兒子　緊抓繩索　接力
踩過爬牆虎　拼命往外爬
逃離　那一道門
門內的時間　禁錮
在牢籠

奔向遠方
盡頭　有一道門
歡迎回家

十幾個孫子
患了集體失憶症
隨著島嶼上的人們　往前衝
不左顧　不右盼　更不回頭
終點線前　一一絆倒

血液越來越冷
回憶閃動
家人　錯身而過　已是陌路

腹中　未成形的親人
　你不需要家譜　顯赫
　也不必傳記　虛僞
家族　切片研究
僅供參考
血緣　透過臍帶源源不絕　輸送
你無法選擇

有一天　會有那麼一天
飄到遠方的種子　想念
故鄉的雲

當你回來
一陣風起　年年淹水的痕跡消失
土石流　正流行
掩埋了家　你小時候看雲的窗
扭曲變形

留下你的鞋　陪伴土堆裡　擁擠的家人
赤足走吧　走出一條路
　聽　大地鼓聲響起　古老的節奏……

靈魂的氣味

如果靈魂也有氣味，聞起來像什麼呢？

我不知道。德國小說《香水》的男主角葛奴乙天賦異稟，從小用鼻子探測世界，可以輕易分辨出幾公里外一個人的氣味。整個巴黎六十萬人的秘密以成千上萬的氣味互相推擠，儲存在他的嗅覺資料庫裡。唯一的遺憾是他本身沒有味道，一般人會有的體味，他完全沒有。意識到這一點，逼使他走出自己創造的心靈王國，一步步走向一個無法逆轉的悲劇。

對我來說，觸動記憶的密碼，有時是視覺。對於文字總是過目不忘，就像是掃瞄器一樣，只要打出正確的文字，連結到浩瀚的知識之海，就會不斷輸出相關的資訊。卻認不得人，即使見面好幾次也想不起來，只好含糊其辭，希望從對話中拼湊對方的身分。幸好總是及時醒悟，沒有鑄成大錯。

有時是聽覺，在街上聽到熟悉的旋律，總會讓我駐足傾聽，思緒隨著音樂起伏。尤其是迪斯可舞廳常放的音樂，不論何時聽到，總是忍不住想要擺動身體，似乎回到高中時期，在月考的溫書假，爲了喘一口氣，到地下舞廳狂歡。天亮，在麥當勞吃早餐，慶幸逃過警察的臨檢，然後若無其事參加考試。那種在高壓下，不顧一切的癡狂，令人懷念，後來參加大學的舞會，就覺得索然無味了。

話題扯遠了，回到嗅覺。潛意識裡無法解釋的感覺，似乎是以氣味儲存的，尤其是人的味道，好像量尺一樣自動劃分了彼此的距離。

每次想起阿嬤，就彷彿聞到淡淡的長壽煙味。晚上，躺在阿嬤的身旁，榻榻米散發白天的燥熱，睜大眼睛睡不著，又不敢驚醒沉睡的阿嬤。望著臨街的天花板上，一道光掃過日據時代遺留下來的塵垢，一明一滅，久了才領悟那是經過的車燈，伴隨著車聲呼嘯而過。阿嬤的食指因為長年抽煙，留下一層厚厚的煙垢，混著菩提子佛珠及老年人特有的冰涼味道，陪著我入眠。

失去後才知道那味道代表的意義。有記憶以來，就是和阿公阿嬤生活，尤其是一向偏疼我的阿嬤，從小一再教誨我：「讀冊是自己的。」小學一年級，爸媽帶著三歲的弟弟回來，開始經營素食館。記得是為了買零食，上學前偷偷在一樓的餐館，打開裝錢的紙盒拿了五十元，心中充滿罪惡感卻忍不住零食的誘惑。有一天，阿嬤私下把我叫去，說：

「你是不是拿了樓下的錢？你爸媽以為是我拿的，我已經承認了，以後需要錢直接告訴我，不要讓我不好做人。」她慈祥地說，一點也沒有責備的意思。

聽了低頭不語，非常羞愧。從此，絕不向人開口或是伸手拿不屬於自己的東西。

國二那年，下課回家，卻沒看到一向坐在店門口，等待我回家吃飯的阿嬤。匆匆忙忙跟著爸爸趕到榮總，阿嬤已經昏迷不醒，身上插了一大堆的管線，準備進行手術。常年抽煙導致肺癌，即使手術也無法挽回阿嬤的生命。

她走得太突然，一向喜歡諄諄教誨的她，沒留下片言半語。唯一的印象是她瘦骨嶙峋的手，還有包圍她的醫院氣味，包括點滴、化痰器、針筒、尿液、藥劑、消毒水、白色床單、可以調整的鐵床……，這些味道凍結在那個奇異的時空，來不及說再見的那一刻。

直到現在，寫下「靈魂的氣味」標題時，並沒有預設內容，只是一時突發奇想的題目。沒想到文字是最靈敏的探針，一下子就找到深埋心中十多年的舊創。不知道如何繼續寫，是掀開結痂的傷口，消毒還在化膿的部分，重新治療？還是繞道，避開可能的痛楚，談一些雲淡風輕的哲理，繼續遺忘，像以前一樣。

以前太小，不明白每天念佛的阿嬤為什麼要抽煙。現在想來，她身為阿公的第二個太太，領養兩個小孩扶養長大，老來依靠養子做個小生意維生，從早忙到晚，任勞任怨，阿公常到環境較好的三太太那邊，享受三代同堂的樂趣。她不曾抱怨；但是當她利用晚上空閒沉默地抽煙時，眼神非常落寞。只有聽到我說：「阿嬤，以後要念很多書，帶你到美國玩。」才露出一絲微笑。

平時省吃儉用的阿嬤，存了十多萬的私房錢，生前就說要遺留給我——她最疼愛的孫女，後來，在入不敷出的家庭中，當然是「充公」了。但是，那份直到生命最後一刻依然牽掛的疼愛，卻讓還不懂事的我，一下子長大了，脫下薰了一身線香的白色孝衣，告別童年。

後來，不自覺避開煙味，也逐漸淡忘阿嬤的一切……

靈魂會有氣味嗎？我不知道。

【放袂離】

阮的心内　攏是你的影
你古錐的笑　阮尚知影
阮按呢疼你　你敢會知影
一世人的路　阮來牽你行

阮的心内　攏是你的影
全部的映望　攏變成影
擱按怎疼你　你嗎不知影
作伙的時間　那會這短啊

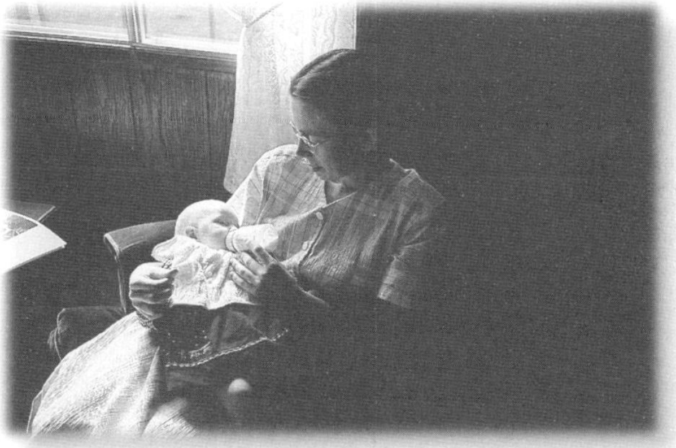

人的命運　攏有一定
有天光　著有暗夜
花那會開　攏會謝
阮的心肝　那會全全沙

人的命運　攏有一定
有天光　著有暗夜
花那會開　攏會謝
你的形影　永遠佇阮這

卷四

天空

Time to Fly Home

【天空】

我
在屋頂
種一棵樹
樹的上方　有星空
樹的下方　燈火流動

你
在屋頂
也種了一棵樹
樹的上方　有星空
樹的下方　燈火流動

他
在屋頂
種了一朵花
花的上方　有月光
花的下方　暗香浮動

當
流星
劃過天際
你我他　抬頭仰望
無邊無際　無限的天空

我愛陌生人

你我從未見面，我卻覺得熟悉。如果有一天相遇，我大概會不自覺脫口而出說：「啊，是你。」

有人說：「陌生人是還沒認識的朋友。」這句話表達了對陌生人的期待。但是，事實上從小到大的教育都是教我們小心，不可以相信陌生人，不可以隨便接受陌生人的禮物。陌生人似乎和心懷不軌的罪犯劃上等號，必須小心戒備，報紙上的社會新聞，提供了一大堆實例供大人恐嚇小孩。

你會傷害我嗎？如果我們沒有血緣、沒有利害關係，或是多年的友誼基礎，當你對我表示善意，一個宏亮的聲音就會出現，警告我懷疑你的企圖。人和人之間的信任，不存在於初識的人身上。

最近和一位秘魯朋友Aldo聊天，他二十七歲就已經環遊世界兩圈。十八歲離家，在全世界漂流二十年，以設計銀飾為生，最後選擇在台灣定居。問他：「很多人覺得我們兩個女生騎單車環球太危險，能夠平安回來是運氣好。你覺得環遊世界最重要的是什麼？」

「眞誠地對待別人，別人自然願意幫助你。」他理所當然地回答。

聽完他的話，不禁哈哈大笑。那也是我們的答案，只不過沒人相信。

你相信萍水相逢的緣分嗎？有很多人因爲信任家人或是多年好友，結果受到傷害，從此疑神疑鬼，老是懷疑別人。人心隔肚皮，既然人這麼不可靠，保持安全距離是保護自己最好的方法。

但是，另外一個微弱的聲音響起，我願意相信你……交會的時間太短，沒時間慢慢探測彼此的距離，當下就必須選擇握手言歡或是轉身離開。當你伸出表示友善的手，我望進你的眼睛，瞳孔深處有幽深的人生風景，我不必參與你的過去，眼前的你就代表了全部的歷史。此時此刻，我們在這個角落相遇，明天將各自走向不同的生命軌跡，我變成你歷史的一部分，就像你是我歷史的一部分。就算有機會再見，時空不同，又是另一段故事了。

有時候，我不相信你，或是不相信我自己，幾經猶疑，選擇錯身。你眼中的神采瞬間暗淡，如不再發光的螢火蟲，在黑夜中迷失方向，讓我看清我失去了什麼，再也無法挽回。

有時候，我相信直覺，願意付出所有的代價，相信你的眞誠。對待陌生人如多年好友，甚至親密如家人，分享彼此靈魂深處的火花。很難相信，我們才剛認識，不久前，只是毫無關係的陌生人。為何感覺如此熟悉，我在夢中見過你嗎？

一次又一次與不同的你相遇，一次又一次激發不同的我，從你身上，看見自己，從自己身上，看見世界。世界有了你，已經完全不同。

記得考完大學聯考後，忽然接到一通電話，「我是你的高中同學。」一個男生的聲音說。「不可能，我念女中。」可能是好奇吧，聊了半個小時後再次詢問：「你到底是誰？」「你不認識我，我只是想請你幫個忙。」原來，他的表妹需要女中的學生證才可以到補習班報名所謂的聯考龍鳳班，他在女中的畢業紀念冊找到我的電話，嘗試聯絡。

當時，我可以馬上掛斷電話，我沒有。在電話中發現他是個有趣的人，約好見面時間，不只把學生證借他，也把課本全部轉送給他念高職的表妹。從那個時候開始，到現在已是十多年的老朋友，他和我同年，卻從小學武功、採草藥、讀古書、學針灸，活像是武俠小說中的人物。

這位奇才，當兵時在軍中醫治了很多人的疑難雜症，退伍以後開始懸壺濟世。還在念大學的我看到求醫的病人擠滿了國術館，不禁覺得如夢似幻，不過，那份惺惺相惜的默契依然存在。等到我踏上環球之旅，他免費提供好幾種中藥藥膏，可以按摩、散淤、消炎，不只對我們有用，也嘉惠很多外國朋友。每次在途中用完了，總是請他代寄，是我們重要的必需品。

這一切，都是由一通陌生人打來的電話開始。後來這種陌生人哲學，隨著旅行的腳步，逐漸「全球化」。

那一天，在巴塞隆納的大街小巷尋找高第建築，驚喜地發現西班牙的戲院正上演〈臥虎藏龍〉。如果只是旅行十二天，不會花時間看電影，但是我們已經離家三百多天，很想享受一下看電影的樂趣。想起在巴黎看〈花樣年華〉的慘痛經驗，興沖沖買票進去看，法文字幕加粵語發音，看完只知道張曼玉的旗袍很漂亮，連劇中梁朝偉的太太和張曼玉的先生發生婚外情的關鍵劇情都沒有看出來，唉。

「請問電影是中文發音還是西班牙文發音？」向一個正在排隊買票的短髮女子詢問。「中文發音。」她詢問售票員後用流利的英文回答，讓已習慣西式英文的我們嚇一大跳，原來她是英文老師。

全場都是西班牙人，看來只有我們聽得懂劇中的中文對話，忍不住沾沾自喜。看完電影，在出口又遇到她——英文老師瑪利亞，棕髮高䠷，有一股直率典雅的氣質。談到〈臥虎藏龍〉，她說：「我不知道中國有沙漠。」「那是新疆，位於中國西方，維吾爾族和土耳其人是同文同種的游牧民族。」

站著愈聊愈投機，同樣熱愛旅行的她睜大眼睛，上上下下看著我們說：「很難相信，你們竟然會作這樣艱辛的旅行。」Vicky回答：「Dream is Power.」她說：「就是電影裡說的心誠則靈？」大家不禁哈哈大笑。

本來打算隔天離開西班牙的我們，在她的力邀下，特地到她位於巴塞隆納南方的海邊小鎮拜訪。中午，她開著一台破舊的二手車到車站來接我們，亮晃晃的陽光下，她一臉笑意走過來，就像是我們多年的老朋友，一點也不像前一天才偶然相遇。

住在她位於廢棄賽車場中央的房子，一起買菜、煮飯、散步、蹓狗、聊天，三天相處，發現她也是一則傳奇。其實她是墨西哥人，先到美國加州教西班牙文，待了七年，又到西班牙教英文，也待了七年，是一個生活簡單卻豐富的人。很喜歡一個人旅行，連她的男友想跟她都不願意，她覺得一個人才可以百分百融入異鄉，兩個人容易變成一個封閉的世界。我們點頭贊同，格外佩服她的獨立精神。

「我在峇里蓋了一間房子。」「巴黎？」「不是，是印尼的峇里島。」她忽然透露她的瘋狂點子。

原來她旅行到峇里島時，深深喜愛島上自然富足的生活方式，於是，想辦法向朋友借錢，在島上買了一塊地，前後花了兩年的假期，和當地人一起蓋房子。我們不敢置信地看著手上的照片，她和當地人在一塊原始叢林裡，從整地開始，一步步蓋好一間充滿熱帶風情的度假別墅。最有趣的是過程中，她遵守當地的傳統信仰，每一個階段都用各式的鮮花和水果祭祀。房子蓋好的第二天，她就必須搭飛機回西班牙，她現在正在存錢買機票去看她的「房子」。

「你好瘋。」「拜託，你們也是。」說完，三個人默不作聲地自我反省。

現在回想起來，在西班牙認識的唯一一個朋友竟然是墨西哥人。不過，一直希望有一天能拜訪她費盡苦心蓋好的天堂，不知道她的負債還完了嗎？她又到哪裡旅行了？她的五隻狗和四隻貓好嗎？

不知道有沒有機會再見，但是，交會的一剎那，選擇真誠相待，就算住在不同時區，記憶不會有時差。瑪利亞在陽光下半瞇著眼睛的笑容，永遠新鮮。

你現在在做什麼？是什麼心情？有一天，當你我相遇，你會說：「啊，是你。」那時，我們將相視而笑。

【只是朋友】

苦痛　無法抑制
想起你
唯一接住吐出的碧血
竟是你
不必常魚雁
就算　失去言語
唯有你
聽見　深井的落水聲

天翻地覆

內心天翻地覆，外表若無其事。

也許是因爲個性像水，習慣壓抑自己去配合別人，對於朋友的態度接近溺愛，只看朋友的優點。至於缺點，自己也很多，當然不會在意朋友的缺點，常常扮演分擔朋友大小心事的角色。濫用同情心的結果，從小到大，身邊總是圍繞很多極度需要關懷的朋友。至於我自己，嗯，可以處理得很好，不用擔心。

一個人在大城市中，載沉載浮。

你看到了我，我的困境。麥田捕手走出了成人的謊言，離開學校，決心追求自由，小說中卻沒提到，後來呢？一個懷抱理想的學生，進入現實社會，會遇到什麼；如果他也同時脫離了家庭的保護網，他要承受多少風雨？

沒有什麼好抱怨，因爲這是自己的選擇。

當初一起離開學校的夥伴，飛到了日本進修，實現當初到世界學習的計畫。我選擇留下，因爲脫去學生的身分，在社會橫衝直撞半年後，想通了一件事，如果一生花那麼多時間在工作上，爲什麼不一開始就選擇衷心所愛的工作呢？以前籠罩在家庭和社會的功利主義下，不敢追隨內心的微弱聲音，學中文如果不當老師要做什麼？文學創作是一條寂寞的漫漫長路，興趣能當飯吃嗎？何況，只是一個在高中作文表現不錯的學生，和眞正在文學長河中佔有一席之地的作家相比，眞是燭光和陽光的差別，一點信心也沒有。

在眾叛親離、一無所有的處境下，內在的聲音卻強大到幾乎震破耳膜。白天，爲三餐忙碌，晚上，也不敢卸下面具。沒有崩潰的本錢，只能往前衝，一切的事都可以做。爲了中文系的學費，挨家挨戶推銷錄音帶，連裝潢如皇宮的理容院也毫不畏懼。一腳踏入奢華背後的粗糙，在理容小姐的休息室，濃妝的美麗顏容，帶著疲憊的表情，年輕的聲音聽來如此蒼老，讓人感覺寒冷。不敢多想，陪笑介紹音樂，當天的基本業績必須達成，當初來應徵打工的學生，已經一半以上陣亡了，我不能放棄。

帶著一隻貓北上，註冊剛好用掉大部分的錢。

進入中文系，第一件事是尋找打工的機會。到處奔波，好不容易坐在教室裡，聽著東方流傳千年的智慧，像是一場幸福的夢境，忍不住想要擁抱那斑駁的木桌。有多少學子曾經像我一樣，在同一個地方汲取生命的養分呢？眞心享受學習的喜悅，過多的壓力，卻一個字也寫不出來，只是不斷地逼，逼自己接近當初嚮往的自由境界。筋疲力盡地穿越大半個城市，走回宿舍躺在床上，缺乏飛翔的力氣。

室友不喜歡貓，只能默默送給別人，有能力在外面租房子的人。

生活中最大的快樂是接到來自日本的明信片，知道有一個同伴，同樣是半工半讀。她每天在日本料理店工作到深夜，數著星星回家，就像我穿高跟鞋提著一大堆美國產品追公車，疲憊中有一點荒謬的詩意。同樣爲新知而瘋狂，她浸淫在資訊豐富的東京，像海綿一樣吸收世界的訊息，以紀伊國屋書店爲圖書館；就像我把故宮當作秘密花園，只要有空閒，就會從學校後門走到故宮博物院。身處在古老的藝術品中，那種亙古的寧靜，可以忘懷所有的煩憂。

在故宮圖書館第一次看林文月教授翻譯的《源氏物語》，平安朝的繁華和現代東京的流行互相參照，有不足爲外人道也的樂趣。即使如此，還是一個人，尤其在忽然醒來的凌晨，再也睡不著，看著天色由暗轉亮。

這時，你伸出手，遠遠超出一個社團朋友的關切。很多事，不必交待，你都已經了解。深夜，聽你的聲音，就像一朵輕柔的雲擁抱著我，無言。停止對自己的逼迫，暫時休息。

那幾夜的長談，一直到今天，感覺還是一樣清晰。知道有一個地方可以去，有一個朋友可以卸下堅強的面具，完全包容，對當時的我，原來那麼重要。那時候，腳步太匆忙，沒時間多想，生命的滾輪勇往直前，有太多更緊急的事要應付。很多事，必須事過境遷才能明白，當年很多如膠似漆的朋友，早已風流雲散，也很少想起。

經過時間的淘洗，記憶卻浮現了你。

你也有你的困擾，太多情太貪心，讓你總是身陷情感的風暴。靜靜地站在河的對岸，期盼你做出最好的選擇，希望因爲看透世事總是陷入深沉悲哀的你，能夠找到一個相知的伴侶長相左右。天不從人願，愛情使人盲目，即使是常以預言靈驗自鳴得意的你，也有盲點。

當你走進婚姻，本來就避免扯入你的情感糾紛的我，更是躲得遠遠的，不希望單純的友誼遭到波及。只是偶爾聽說，婚後夫妻感情不睦，小孩一個又一個出生。曾經交錯的情誼，因爲種種顧忌，距離越來越遠。

有時遇到一些波折，忍不住打電話給你，十年來不超過五通吧！你的語氣卻是一樣熟稔，似乎中間阻隔的那些時間，憑空消失了。你也一樣，每隔一段時間，總是設法從我家人得到我的電話，找到行動飄忽的我，關心我的近況。我一下子搬到台北、一下子搬回台中，基隆一年，白河一年，知道我又到了一個新城市，你卻一點也不訝異。深知我是油麻菜籽，隨處漂流。

這幾年，看你在家庭的重壓下，離年輕的夢想越來越遠，不能說沒有惋惜，這是你的選擇。以前以爲婚姻對一個女人的人生影響很大，現在才知道，很多男人一結婚，生活也是徹底改變。你原來對人生的寬容慢慢消失，因爲疲憊產生的憤世嫉俗愈來愈強。

最後一次通話是因爲收到一張白帖。

「你知道他過年前去世了嗎？」震驚又悲哀的心情。

「我早就預料到了。」聽著話筒中你因爲預言成眞的欣喜語氣，忽然再也不能忍受了。你深知他是我大學時代工讀的長輩，曾經細心教給我很多經驗。雖然後來棄商從文，但是一聽到他罹癌的消息，忍不住傷痛。你也是他的老朋友，爲什麼不願流露一絲悲憫呢？

自從那次徹底失望，最後的聯繫已經消失了。

雖然住在同一個城市，咫尺天涯。一直以爲自己毫不在乎，生命中總是有很多人來來去去，只能隨緣。最近整理詩作，看到當初的心情，熟悉的文字背後藏著一雙拉我上岸的手，想念一發不可收拾。幾度想要打電話給你，總是拿起話筒又放下，不知道要說什麼。

現在，終於明白，只是想要說聲，謝謝，一直不曾說出口的話。雖然已經錯身而過，還是欠你這句話。

可以想像，當你聽到，只會大笑地說：「我早就預料到了。」

【行程】

也許　走了不同的路　蜿蜒
自己　之後
相遇　是不期然
亦是意料中
我的風霜
你的眼
浮動

一路走來
貪看風景　多耽了時刻
滿園春色　凋盡
獨立
想像花的容顏

【電話簿】

電話簿　規規矩矩
躺了　一百多個名字
每個名字　映現一張臉孔
每張臉孔　戴了一朵微笑
手指　在空中擺盪
按不出　一串電話號碼
喂　我現在不在家　有事請留言
嗯　他現在不在　有什麼事嗎
咦　好久不見　最近在忙什麼

掛上電話　我的電話簿
有一百多個名字

天涯

你我見面的次數不多，幾度相遇，卻有地老天荒的況味。不知道是見面的場景太奇特，還是彼此的人生本來就如同置身朔風野大的高原，遇到同樣頂著風勉強前進的旅人，不免流露一絲不必言說的莫逆。

第一次見面是在義大利，那時我們已在歐洲單騎旅行了將近一年。

花了一個月穿越起伏的托斯卡尼丘陵，一路領略文藝復興的濃烈景致。傍晚到達義大利東岸的港口安可納（Ancona），第一步就是到碼頭詢問往希臘帕翠斯（Patras）港口的船票。

旅伴留在外面看守裝滿行李的單車，我走進鬧哄哄的售票處，先四處比價，再選定一間船公司排隊。隊伍前站了兩個東方人，從衣著打扮及神情，直覺是日本人，說實話，到處都遇到日本人，已經懶得理他們了。等到我拿出卡片付款，櫃台小姐說她們不接受，心想：「義大利船公司那麼落後，信用卡都不接受。」一直僵持不下，後來才發現我錯把金融卡當作信用卡了，難怪對方無法接受。不好意思趕快拿出信用卡，這時，年輕的那個「日本人」

驚喜詢問：「你也是從台灣來的嗎？」原來他們看到我一身單車騎士的打扮，認定我是英文流利的新加坡人，才會像西方年輕人一樣自助旅行，卻好奇地瞄我的信用卡。

在這個很少觀光客的偏僻港口，難得遇到可以說中文的人，自然聊了起來。「你知道馬可波羅出版社嗎？」溫文儒雅的Kiki曾在日本念哲學研究所，難怪有點像日本人。聽到我們在歐洲騎了快一年，熱心地建議我們寫遊記。

「我們和馬可孛羅的涂姊及寶秀姊都很熟啊！」不禁失笑，原來有共同的朋友。

遇見了兩個特別的人，卻沒時間多聊。他們是隔天的班次，我們買當天下午的船票，一小時內要上船，時間緊迫，還要先到警察局蓋出境章，我們的申根簽證早已過期，必須打起精神混水摸魚。於是，在人來人往的售票口匆匆道別，各奔東西。

那是和Kiki及Eric的第一次見面。

如果故事到此為止，只是一個旅程中的驚嘆號，很快就會被其他大大小小的驚奇淹沒。那時，匆匆一照面，認識不深，卻有預感還會見面。

第二次見面的機會來得很快，就在第三天，希臘的帕翠斯碼頭。

隔天中午郵輪抵達希臘，幸好沒有海關檢查申根簽證，又逃過一劫。避開轟隆隆的貨櫃車迅速離開混亂的碼頭，突發奇想，騎到船公司查詢旅客名單。確定他們已上船後，在這個遊客絕對不會停留的小港口找旅館，特地多留一天，準備給他們一個驚喜。

旅伴坐在一旁的露天咖啡座，看守行李及單車。我特地穿上唯一一件綠色碎花小洋裝，手拿相機，到船艙的出口前等待。

看著船艙門掀開，車子陸續開出來，很多乘客一一離開，才看到他們一前一後走出來。馬上舉起相機拍照，歷史性的一刻，從視窗看到他們兩人的眼睛都避開我，上前一步打招呼。「啊，是你！你怎麼還在這裡？」「有歡迎花圈嗎？」可愛的Eric驚訝地胡言亂語。一旁的Kiki則是一句話也講不出來，瞪大了眼睛，盯著我身上的洋裝。

向遠處坐在咖啡座上的旅伴揮揮手，大—功—告—成。

一直到在咖啡座坐下，兩個人還是一副驚魂未定的神情。

「我遠遠看到你，以為你是旅行社來招攬生意的。」「你今天的樣子和前天的勁裝差太多了，完全認不出來。」Kiki終於冷靜下來，發表他的感想。

在希臘灰暗的天空下，碼頭人車繁忙，所謂露天咖啡座就是在組合屋外隨便擺幾張塑膠桌子。勉強喝著難喝的咖啡，天南地北四個人，自由自在地閒聊，在一個陌生的國度，有風雨同舟的相知。

Kiki是資深出版人，說話總是慢條斯理，卻常發驚人之語。直爽的Eric在英國念文學博士，感受細膩，話題總是天馬行空，兩人相約走訪南歐。

「洗衣服要怎麼晾乾？」「旅途勞累，連看書都很困難，怎麼還能寫稿？」Kiki以他多年的旅行經驗發出疑問。

「如果是露營，我們有曬衣繩及衣夾；旅館內就利用暖氣烘乾，最後一招是把未乾的衣服綁在單車上讓風吹乾。至於寫稿，就是爲了旅費發揮潛能囉！」

他們聽了一直笑著搖頭。

在汽笛及喇叭聲交錯的港口，一下子就聊了兩個多小時。雖然時間很短，卻像一起走了一段長長的路，在旅程的終點，即將道別。

他們計畫搭火車先到雅典，然後往北拜訪一座遺世而獨立的山巔修道院。我們則要往南穿越伯羅奔尼撒半島，經過古代宗教和競技中心奧林匹亞，像古希臘人一樣走過崎嶇的山區，奔向愛琴海。

分手前，拜託Kiki幫忙帶一包行李回台灣，轉交寶秀姊，再通知家人代領。他義不容辭地接下國際快遞的任務，減輕我們行李的負擔。

看到我們騎單車離開，Eric誇張地蹲在地上不斷搶拍。我們加緊踩踏離開現場，以免被送入精神病院。

第二次見面，只是童心大發，單純想要開個玩笑。但是，等到眞的看見他們兩人走出船艙，那種避之惟恐不及的表情，令人難忘。

第三次共聚一堂，已是一年後了。旅途中用電子郵件保持聯絡，可以從螢幕上一行行的英文，讀出Eric的興奮和Kiki的關切。前後見面時間加起來不過幾小時，感覺卻像老朋友一樣。

約在台中的人文茶館，特意預約一間隱密的木造茶室，屋頂覆蓋著滿滿的枯乾竹葉，窗外青翠的竹影搖曳、水聲潺潺。品嘗栗子煨小牛、燻鴨腿、燒烤鮭魚等清爽的夏季料理後，親自執壺泡茶，爲遠從英國回來的Eric洗塵，也感謝Kiki的寫作指導。

「回來這半年，Pinky在寫作，那你主要在做什麼?」Kiki一坐下來就詢問旅伴。

「賣笑。」旅伴乾淨俐落地回答。沉穩的Kiki愣了一下，然後笑得前俯後仰。

「也就是講笑話，分享旅行故事，尤其喜歡小孩子。他們的反應開放有趣，我們應該向小孩學習。」

「她是人來瘋，愈多人講得愈好。」我在一旁補充。

「我很怕在陌生人前講話，不喜歡演講，尤其是人多的場合。」Eric聽到Kiki的話，被喝到一半的茶嗆到，不斷咳嗽。

「你這是什麼意思？」詢問反應激烈的Eric，Eric笑著指向Kiki，說不出話來，似乎暗示他總是在公眾場合長篇大論。

再次深談，才發現Kiki眞的是處事非常低調的人。他擔任出版社顧問，一周到出版社兩天，其他時間在家中讀書、創作，平常朋友聯絡就是透過電子郵件及手機留言。以前沒有手機時，出版社有急事只好請快遞按門鈴。很難相信在台北還能維持這種深居簡出的生活，眞正是大隱隱於市，卻有一種莫名的緣分，讓我們在異鄉一再相逢。

「我選擇在家工作，是爲了過自己的生活。」Kiki談到他的心路歷程，因爲上班必須見不想見的人、看不想看的書，每天爲了不想去上班找各種理由。現在，專注在自己有興趣的領域，爲了解決一個問題可以花很多時間，自然能深入研究，培養自己的專業。「周圍的好朋友對我很容忍。」他自嘲地加了一句。

吃了一口QQ的紅豆涼糕，他的生活哲學給我們很大的啓示。雖然置身在競爭激烈的功利社會，只要勇於堅持，創造自己的價值，時間夠長，自然有一個寬廣自由的空間。

那一席話，對我們的生涯規畫有很大的影響，決心共組工作室，做一個自由自在的「跳蚤」。在劇烈變化的台灣，找到自己生活的方式，我們不應該去「找工作」，而是創造自己的工作。

「我的研究題目是重新省視受到宗教影響的愛爾蘭文學史。」「哇，這個題目很大。」年紀最輕的Eric像在向老師報告，神情認眞地說明他的研究方向。雖然平常愛開玩笑，個性純良的他是可以專心讀書作學問的人。

「下個月要趕到愛爾蘭養一隻貓。」他看到大家疑惑的表情，進一步說明，因爲他的教授有一位愛爾蘭朋友要出外度假，所以他只要代爲餵貓就可以獲得在愛爾蘭免費住宿的機會，他的教授還爲他申請了一筆獎學金。

「那你可要好好對待那隻招財貓。」一個聽起來很荒謬的研究機會。

曾經在法國參觀過怵目驚心的修道院，詢問他描寫中世紀修道院生活的小說，可惜沒有中文版。

在無盡的旅程中，拓展了眼界，卻無法停下腳步深入研究。行過萬里路，啓發讀萬卷書的慾望；一直往外追求，該是向內探索的時候了……

在周末的夜晚，坦誠隨意地說笑，互相激發。不必明說，心知都是脫離常軌的人，一股相惜的默契，似涼風忽前忽後流轉。一個尋常的房間，霎時幻化成一個超越時空的宇宙，有自己的行星運轉，流星飛逝。

在初夏的夜空下道別，互贈新書，接過Kiki的小說……

回來這半年忙著寫書、出版，剛想休息一下，遇到Eric回台灣，馬上相約見面，完全沒有喘息的時間。回到家，累到了極點，就像跑到終點的馬拉松選手，只想大睡一場。

睡前翻開Kiki半自傳體的小說《天河撩亂》，越看越睡不著，索性下床走到客廳開燈細看。一個掙扎的靈魂，在殘酷的世界中，苦苦追求人生的價值，眞實而深刻。書中有一段話：

每一次凝視生命的練習回過神來，他總是感到惘惘的一時竟不知道身在何方，從而感到一陣怔忡，有如一個居無定所的旅人從曠野醒來，帶著虛無而悲傷的況味……

不由得想起十九歲所寫的詩：

曠野

日夜奔馳

找尋更大的曠野

自由之不可得的悲劇感早已深印心中，卻還是早早離開了家，四處遷徙，不斷拋棄過去，夸父追日地追求自由。自由的代價，卻是無法承受的漂泊與倉皇，不可避免過早地衰頹了，漸漸失去生之力量。

客廳這一盞燈，照亮了手中的書，思緒隨著文字亂舞，亢奮的昏眩中感到一股重重撞擊的力量。靈光一閃，忽然明白難以形容的親近感了，因爲走過相似的旅程，有相同的渴望、愛怨、幻滅、憤怒及思索。

在極度的喜悅中沉沉睡去。清晨，起床，找不到信紙，拆了日記，就著天光，寫下一個讀者對作品的感動。洋洋灑灑寫了九頁雜亂的感想，已經好久沒有看到能引發熱情的小說了。

接下來一個星期，深陷在小說的世界中，分不清虛構與眞實的界限，一次又一次重看。

Kiki在書扉用鋼筆題字相贈：「青春的輓歌，無非夢者的徬徨」。

如夢似幻的感覺，無法用熟悉的文字表達。

在人生的高原上前進，從天明到日暮，停留欣賞野花的餘裕不多，總是必須不斷趕路。

腳下是千仞懸崖，沒有心力害怕，只是迎著風前進。一再催逼自己，跌倒，馬上站起來，從來不看身上的傷口。

在小說中，看到了一個奮力前行的旅者，滿身傷痕，還是帶著微笑。旅人和旅人之間，有整個天地的空間，偶爾交會，又要各自趕路。雖然你我見面的次數可以數得出來，至少知道，不是獨自一人，在天涯。

【一根繩子及一把椅子】

只要一根繩子　及一把椅子
即可揮別
沉重的腳印
只要半秒遲疑　及半秒留戀
就要迎接
沉鬱的天空
磨人的天意
進進　退退
心在盪秋千
啊　不小心滾落地
誰　推了我一把
頑皮的笑臉
一閃一閃
在發光

旅伴

這兩天春雨不斷，幸好屋頂的漏水已修好。陽台爆發一片新綠，沒有種花，都是觀葉植物，空氣中卻有一股近似野薑花的香味，似淡實濃。

想要寫你，徘徊在窗邊好幾天，無法下筆。

今天忽然想到，張潮在《幽夢影》中提到：「天下有一人知己，可以不恨。」你我算是知己嗎？我們如此不同……你快，我慢；你動，我靜；你堅硬如石，我柔軟如水；你如太陽，光芒四射，我似月亮，陰晴圓缺。如此不同的兩個人，卻一次又一次踏上旅程，踏上歸途，轉眼十四年。

第一次決心一起出發那天，也是雨天。

外面在下雨，燈下的我，卻在做有生以來最大的決定。一直是待在溫室的花朵，決心走出去接受日曬雨淋。一旦決定離開，再也回不去了，有一點不習慣。

一直在爲將來模糊的幸福忍耐著。已超過二十歲的自己，難道就這樣一直浪費生命，無聊的課，無聊的考試。

那是七十九年十一月三十日的夜晚，經過好幾個月冗長的討論，考慮各種可能性，我們還是決定離開大學校園，希望能夠靠自己的力量到國外遊歷，形形色色的人才是最好的老師。你我都相信，眞正的學習不是在書本，而是在旅途上。

我們在沙漠的邊緣小鎭採購補給，準備進入沙漠探險。盡可能準備駱駝、飲水、食物、毯子、地圖，傾聽走過的人訴說經驗，分辨哪些是有用的資訊，哪些是道聽塗說誇大其辭。唯一可以依賴的是對旅伴的信任，心知遇到緊急情況，會爲了維護對方甘冒生命危險。在嚴苛的環境中，這是生存唯一的機會。

不過，那時我們還不知道旅途遠超乎想像的艱困。幸好如此，否則恐怕沒有出發的勇氣吧！永遠記得那一天，逸出社會的常軌，踏上追求自己的道路。不知道我們到底要什麼，卻知道我們不要什麼。

大學生活的最後一天，在渴望自由及不耐中度過，我所有的學習，只爲了此刻的選擇，除了思想，我一無所有。今天的天氣眞好，如碎浪、絲綿的雲，有一意外之友，送別千里，有坦然的心。

脫離了學生的身分，走入社會，就像離開村落的保護，走進沙漠。原來準備的一切，在一望無際的沙漠中顯得微不足道，烈日高照，坐在駱駝背上昏昏欲睡。旅伴的影子投射在沙地上，顯得很不眞實。

當初不滿於教育制度的限制，毅然決定離開，但在現實的考驗中，卻迷失了。迷失在汲汲營營的社會，迷失在父母的期望，迷失在朋友的指責，重重壓力造成精神極度緊張。前幾天去看醫生，自律神經失調，神經衰弱。

在眾叛親離的處境中，發現我們的目的地不同。在沙漠中，看見不同的海市蜃樓，你我各有一張地圖，指向不同的綠洲。不必討論，自然而然接受這樣的結果，把裝備及駱駝重新分配，獨自走向未知。旅伴不必一路相陪，在人生的轉折點，曾經同行，患難與共，那股相濡以沫的感情，很難向別人說明。

你到日本，大量收集旅行的資訊。我在台灣，全力充實自己。在人生的旅程中，載沉載浮，至少累積了無數碰壁的經驗。

你曾經問我：「會後悔嗎？」

「那不是我的習慣。」下決定很慢，但是願意為決定付出一切代價，堅持到底。

如果當初沒有離開校園，會有什麼樣的人生？說服自己妥協，輕鬆畢業，頂著知名大學的光環，考進畢業那幾年大量成立的新銀行。然後結婚、生子、買房子，就像大多數同學一樣，利用難得的休假出國，笑談年少對旅行的癡狂，平順而幸福的生活——卻不是我要的。

我到底要什麼呢？看到你堅定的步伐消失在地平線，我在沙漠的月光下苦苦思索。

站在好望角的燈塔遠望印度洋和大西洋交會，海面上並沒有想像中有一條兩大洋互相激盪的明顯痕跡，平靜無波。一四九七年葡萄牙航海家達伽瑪經過時，卻是驚濤裂岸、狂風暴雨，嚇得大部分船員想要回航，達伽瑪執意向前，一心想要找到印度，終於開闢一條通往東方的新航道。

夠了嗎？十多年的堅持，一次又一次的旅程累積經驗，我們兩個人終於跋涉千山、越過萬水，來到這個探險史上的著名轉折點。當歷史事件遠去，歷史場景大多顯得平凡，只不過是一個大陸最南端的岬角，一群海鷗在海面上飛翔，像不斷移動的曲線。此時此刻，明白我們看過的風景、走過的路徑已經消失了，就算我們現在從頭再來，不過是浪費時間，再也找不回當初的心情。

有一天，當我們年老，再也沒有力氣創造新的回憶，也許我會感謝你，我最好的旅伴，但是，不是現在。世界很大，我們還有很長的路還沒走過，還有很多的人還沒遇到，不是停下腳步的時候。當我們決定走進沙漠，沙漠就會一輩子跟著我們，不論我們身處多麼舒適的環境，我們都會回到那裡。即使連沙漠都已改變，駱駝只供觀光客騎乘，且都因人在城鎮打工，然而，太陽落入地平線，又在地平線昇起的壯觀景象，至今不變。

在雨中思索旅伴的定義，沒有標準答案。只知道我很幸運，遇到像你這樣的旅伴。下一次，什麼時候出發？

【春扉小小】

我心荒蕪
乾涸如阿拉伯沙漠　亙古不變
偶而　沙漠之歌響起　風
和沙丘　呼嘯烈日
地平線上　一排長長的腳印
貝都因人　無言
出現　消失

沙漠有一個角落　驟雨
爆發一片綠意
每天每天　你
提水來澆花
伴著沙漠之歌
漫步　你的腳印
不曾消失　綿延成
春扉小小

【彷彿又聽見你的歌聲】

隧道　暗無天日
不知道通往何方　卻又不得不走

扶著石崗岩粗糙牆面　閉上雙眼
浸蝕了風霜的往事　一片片剝落
等到混合著狂喜與失望的風暴平息　重新邁步

出口的光　遠遠地接近

無法預知的人生
橫衝　頭破　直撞　血流
化膿　用口水消毒　繼續走
時間的輪軸永遠不停　不停
心跳　敲打著記憶
啊　彷彿又聽見你的歌聲　傳來

一開始斷斷續續　越來越清晰
巨大的天然音箱　柔美嘹亮的回聲
一股熟悉的味道
七里香混合著海風　呼嘯
來自大海的女兒
你亙古的歌聲　穿透牆壁
穿過黑暗的虛空
緊緊擁抱

深吸一口氣　狂奔
遠遠地接近　出口的光

卷五

喜歡出發

Time to Fly Home

【喜歡出發】

喜歡出發　沒有預定的計畫
喜歡離開　習慣的陰霾
一陣風　心野了
想像前方的風景
漫長的旅程　現在我　慢　慢　走

喜歡出發　沒有告別的話
喜歡離開　原來的角色
一陣雨　心野了
想像遠方的彩虹
遼闊的天空　現在我　慢　慢　飛
一朵花　一個微笑
迎接下一個旅站
喜歡一生中都有新的夢想

一首歌　一個故事
享受每一段旅程
喜歡每一天都有新的希望
喜歡這樣的自己

離家

小時候，懵懂無知，每個人或多或少都有一些糗事，讓家人引為笑談。

我的第一個人生故事卻是關於「離家」……

小時候父母到外地工作，將我寄養在祖父母家。阿嬤年邁，精神卻很好，到哪裡都帶著我。有一次，「在竹圍市場，人足多，剋來剋去，伊一下就不見人影，害我提了菜籃找足久，找袂二點鐘。尚尾找到時，她一個查某囝仔有滋有味在吃大腸，生的，沒哭也袂驚。」最後，她總是又好氣又好笑地望著我。

對這段走丟的往事，一點印象也沒有，只是反覆問阿嬤：「那大腸眞的是生的嗎？好噁心。」

有時不免陷入想像，一個不到三歲的小孩，在人潮洶湧的菜市場，握著自己那雙暖暖的大手，忽然不見了。當她隨著人潮移動，心裡在想什麼？在她的眼睛裡，看到了什麼？為什麼不怕呢？如果從此和家人失散，她會有什麼樣的人生？

那個小孩慢慢長大，上學認字，解讀文字密碼，通往一個無邊無際的廣大世界。看楊過初入古墓，睡在寒冰床，冷得直發抖；大觀園沁芳閘的桃花，被風吹落，落得正在看書的賈寶玉滿身、滿書、滿地，皆是花片；齊瓦哥醫生坐鐵路橫越西伯利亞，窗外一片雪白；源氏謫居須磨，日夜望著窮山惡水悲嘆……

大學以前生活單純，不是家庭就是學校，在平凡的生活中，總是天馬行空地幻想，第一本日記，對雲的描寫就佔了一半的篇幅。騎單車上下學途中，景致不變，天上的雲卻是變化無窮。常常看到夕陽西下，天色全暗了，才依依不捨地回家，少不了挨罵。「跑去哪裡玩了？」默默無語，總不能回答：「看雲。」

教室的窗口、書房的窗口、公車的窗口，從框框看出去，可以看到廣闊的天空。童軍課教雨層雲、積雨雲、卷雲，觀察不同的雲可以預測天氣，總是記不清楚。雲不應該有名字，她是千變萬化的，可以變成任何物體，一片汪洋，點綴著幾點帆影；白得發亮的波斯菊、山雨欲來的風樓、水波不起的湖泊、身披羽衣的仙子……，無窮無盡的想像，最後總是指向同一個方向——遠方。

那時彷彿可以觸及的遠方就是台北，台北是一切幻想的集中點，所有媒體聚焦的中心。登現豔設計的「舊情綿綿咖啡廳」剛開幕，什麼是後現代主義的建築？以「那一夜，我們說相聲」一炮而紅的表演工作坊剛推出第三部作品「圓環物語」，小劇場熱潮方興未艾，反覆研讀「暗戀桃花源」的劇本，幻想有一天可以參與一齣舞台劇的誕生。火車站前的FM Station首度引進百貨美食街，聚集了最時髦的男女，享受各國美食。西門町人潮洶湧，萬年大樓聚集了各式新奇的東西，等待年輕人探索。中泰賓館Kiss舞廳的飛碟每天從挑空的天花板出現，侍者穿著銀色太空衣，又酷又炫。只有台北才有的肯德基炸雞，和麥當勞炸雞有什麼不同？

無法壓抑的青春，無法壓抑的渴望。想要到遠方，探險，狂歡，品嘗，回味。

記得考完大學聯考那天，冷靜地離開考場，冷靜地搭公車，冷靜地到巷子口的便利商店買了一瓶可樂，喝完。回家，把三民主義課本丟進垃圾桶，鬆了一口氣，開始想：「要帶什麼到台北呢？」其實什麼也不想帶，桎梏已久的生命，等不及，要跑，來不及，要飛；連本帶利，要將錯過的風景，一次補足。

那時候，第一次體會到自由的滋味，第一次離家，預感將要有天翻地覆的改變了。

【逃】

急需　破折號
一筆抹去現實
鏗然一聲　弦斷
餘音　震
破　耳膜
寂靜　斥退嘈聲

出走

出走，需要累積多大的能量？我不知道。

從台中到台北，只有兩個小時的車程，卻花了很多年才到達。如果說上大學的目的是爲了離家，可能比較接近事實。剛到木柵，衣服曬了很久都不會乾，忽然意識到：「我眞的不在家了。」望著灰濛濛的天空，天氣愈來愈冷，忘了在行李放一朵雲。台北的雲，我都不認識。

認識了一個旅伴Vicky，出走的能量，交互激盪，匯成一股激流。

兩個人常常利用沒課的時間，在貓空漫遊，到群山環抱的「邀月」喝茶。空無一人，走到隔壁的三合院，喊：「有人在家嗎？」等了很久，一個年輕婦人走出來。

「我們要喝茶。」她沉默地從櫃台拿出茶具和茶壺，從冰箱拿出冷凍茶，指著山坡旁竹子搭起的茶坊，就走回去了。

「好香。」坐在竹椅上，看著白鷺鷥飛離雲霧繚繞的山谷。用新鮮鐵觀音冷凍的茶葉，有一股濃郁的清香。

「那是什麼聲音？」「不知道。」從外面傳來「叩叩叩」的敲打聲，走到外面的山坡一看，竟然是啄木鳥。那種只出現在童話的鳥，第一次遇到，兩個人張大眼睛細看。

藏在台北的近郊，喝茶、談旅行，不知喝了多少茶，夢想愈來愈具體，彷彿伸手可及。如果不能利用人生最「閒」的大學時代踏出第一步，等到出社會工作，諸多限制，更是困難重重。

「走吧！」叫了半天，沒有半個人，只好把錢放在櫃台。走一段山徑回到公路，離開滿山的鐵觀音茶園，夕陽餘暉下，台北的燈火逐漸亮起。

大一暑假決定到大陸，看一眼「祖國山河」。雖然是天安門事件的第二年，開放不久的大陸情勢未明。

先找敬愛的系主任汪義育老師想辦法，「汪老師，您的兩個女兒暑假需要家教嗎？」「有什麼事？」「我們想要到大陸自助旅行，打算籌措旅費。」「我問一下師母。」過幾天，「師母說好，一人教一個。」開始排時間教英文，老大穩重，偏著頭思考的神情像爸爸，老二活潑點子不斷，笑起來像媽媽。教這兩個可愛的小女孩，樂趣無窮，每次都很期待上課時間。

找到第二份工作，在加油站打工，「歡迎光臨，請問要加什麼油？」「請問要打統一編號嗎？謝謝，歡迎再來。」夏日炎炎，揮汗如雨，卻不以爲苦。有一次，一位騎機車的中年騎士打開油箱蓋，我把油槍對準洞口裝好，一加油卻馬上噴出來，噴得滿頭滿臉，連眼睛都是油，原來對方誤把機油箱當成油箱了。馬上衝到洗手台洗臉，取下隱形眼鏡，上面浮著一層油。Vicky趕緊跑到藥房，買來人工淚液讓我沖洗眼睛，「沒關係，我也遇過這種事，洗乾淨就沒事了。」站長在一旁安慰。

「爲了旅行噴得滿臉汽油，有這種經驗的人不多吧？」心想。

第三份工作，利用假日發海報，待遇不錯。早上先到印刷廠集合，領海報及街道圖，再騎車到指定地點，沿著劃定的範圍發送，從中午開始，到傍晚結束。那時，才了解台北眞的是一個盆地，攝氏三十八度的高溫，加上家家戶戶冷氣機排出的熱氣，台北市就像是加蓋的熱鍋。走在街上，又悶又熱，心浮氣躁，兩個人大吵一架，忘了什麼理由，好像是迷路了。一個大發脾氣，一個悶不吭聲，最後剩下一些海報，決定帶回家當計算紙。

「我去抽查過，你們這組很認眞，下次再來。」老闆滿意地發薪水，約好下次聯絡方式。一拿到錢，來不及高興，先去吃冰，實在太熱了。

如果沒有遇到旅伴，我會出發嗎？

這是一個假設性的問題，就好像很多父母都會說：「我的孩子就是因爲交到壞朋友才會變壞。」似乎那個小孩是一張白紙，本性純良，近墨者黑，都是壞朋友的錯。這又延伸兩個問題，第一個問題是：「他爲什麼要接近父母所謂的壞朋友？」如果他不是本身有意願，別人可以強迫他嗎？如果他那麼容易受人影響，是否他本身不夠獨立。第二個問題是：「他爲什麼會吸引這些朋友？」別人爲什麼要花心思來「帶壞」他，不是別人？每天擦身而過的人那麼多，人和人之間的交集，都是機率，也就是俗稱的「緣分」。一個巴掌拍不響，緣分的兩端，當事人無不緊緊抓住了牽繫彼此的線。

爲了第一次自助旅行，兩個月時間裡，兩個人兼三份工作，拚命打工，同時學會辦相關的證件、研究資料、打包行李。終於在開學前兩個禮拜，背著大背包，在桃園機場的候機室，興奮地等待登機。

那時候還不知道，旅途中會發生什麼事。不知道將有一對失散四十年的夫妻，因爲我們的「超級任務」，終於找到對方。一個老兵在高雄愛買百貨門口，看著老妻寫的信，老淚縱橫，說不出話……

看著窗外的飛機，從台北到桃園，只有四十分鐘的車程，卻花了將近一年才到達。等一下，就要起飛，出走的夢，終於實現了。

【蘇堤】

繁密的林　煙雨流轉
海那一端的女子　涉水而來
探尋　遺失的魂魄
徑旁的石椅　齊聲輕嘆
疲極的腳　一步
又一步
繃緊的心　一回眸
蘇子正捻鬚莞爾——
清亮的眼

無人的荒島

在大城市中，有一個晚上。

只想找個地方，安靜地聽My Lady Blue（〈碧海藍天〉的電影配樂）。在東吳女生宿舍十一點的門限前衝出，坐在巴士站，無車，無人。終有一車，跳上，至士林。每車問：「請問到火車站嗎？」從北門走到火車站，地下一樓，大燈已熄，一排排像舞台的椅子，小燈投射。有兩三人倦眠、呆坐。坐下，聽My Lady Blue，聽見自己輕聲吟唱。

十一年前，一個人在台北。

捷運正在如火如荼地興建，未來的便捷遙遙無期。交通已經進入黑暗期，市區塞車的程度是「寸步難行」到「完全癱瘓」的差別。火車站和頂好市場是兩個黑暗漩渦，只要不小心接近，遍體鱗傷，必須用盡所有的耐性，才能脫離那個暴風圈。

在街頭追逐公車，上車昏睡。

對於必須東奔西跑又沒有車的人來說，追逐公車是每天上映的動作片。提著大包小包，時間緊迫，還沒走到巴士站，一看到公車，跑百米的精神往往會感動司機等待個幾秒鐘。上車，充滿成就感，卻沒有人會鼓掌，因爲每個人都清楚，錯過這班，往往是一段生不如死的等待，在街上衝刺是家常便飯。從士林到木柵，必須換三班車，一上車就睡，到站前卻會自動醒來，從來沒有過站才下車。只有一次，睡得太沉，到公館忽然驚醒，匆匆忙忙跑下車，忘了拿手提袋。一個月後，才到木柵總站領回。

喜歡最後一班公車，有音樂最好。

在上下班的巔峰時間搭車，有一種接受命運的無奈感。一大堆互不認識的人，被迫擠在一個小小的空間，「再進去一點。」司機不耐煩地大叫。扭曲變形的沙丁魚避免互望，以免從對方的表情映照自己的身影。最後一班公車就不一樣了，偌大的空間只有坐了三、五個人，窗外的霓虹此時就像隧道的探照燈，一道又一道，撫慰辛苦一天的礦工。此時，如果有音樂，最好是藍調，配上沙啞滄桑的女聲，細訴生命的深沉。不過，這只是我的想像，從來沒遇過這樣的音樂。

有一天，難得空檔，搭公車閒逛。

台北的公車像蜘蛛網，細密的公車路線，連接每一個角落。士林、火車站、師大、公館，這些轉運站就像是連接動脈與靜脈的微血管，大量的乘客上車下車，流向不同的方向。當我不必按照行程表移動時，反而睡不著了，透過車窗充滿興味地望著街景。前後待了七年的城市，每個人看來都像是外地人，本地人也不像本地人，「我是台北人……」聽來虛弱無力。彷彿很不好意思，竟然出生在一個為冒險家存在的城市。

夜晚像一把刀，剪開心的簾帳。心事傾瀉而出，無可抑止。

當我遠離台北，對台北的回憶都是夜晚。就像《大亨小傳》的尼克，當他離開紐約回到家鄉，噩夢中又回到紐約他住的地方：「在我的夢中，這個小鎮就像是西班牙畫家葛雷柯的一幅夜景——上百所住宅，又很平常又有點古怪，一所一所蹲在陰沉沉的天空和黯然無光的月色之下。」而我印象最深的畫面是外雙溪的巴士站，最後一班公車已經走了，我獨自等待著。

那時候，住在一個有二百六十三萬四千六百八十六人的大都市。為什麼總是自己和自己對話，就像在無人的荒島……

【遠方】

曠野
日夜奔馳
找尋
更大的曠野

【旅行的聲音】

忙碌生活各種噪音
張開口聽不見彼此聲音
鬧鐘打卡鐘聲聲催促
電話不停　腳步也不停
千辛萬苦回到家關上所有的電壓
陷在沙發閉目養神　記掛明天的行程……哎

旅行的聲音　走過大海的貝殼
旅行的聲音　佇立街頭的鞋底
缺氧的我　就要慢慢地甦醒
從未聽過的快樂歌聲
慢慢從心靈深處湧出
啦　啦　啦

旅行的聲音　穿越曠野的吶喊
旅行的聲音　來自雲端的呼吸

川端康成的眼睛

川端康成的夫人秀子曾說，最能表現川端康成性格的是他那雙銳利的眼睛；而好友吉行淳之介也說，那雙大眼睛最大限度地張開，那雙眼是嚼噬對象的眼。也許，爲了親眼看到曾經映照在那雙眼底的風景，來到內伊豆。窗外，積雪滿山遍野。

在河津車站等車，坐在木椅上，腦中一片空白。就要到旅途的第一站，熱切期待的盼望，就要成眞，隱隱覺得不安，不知道現實與夢想的距離。如夢似幻地走下巴士，一眼看到一面牆壁約三層樓高，畫了一個憨厚的舞孃，用日語寫著：「眞是好人哪！」一時之間，雙眼迷濛地想看清楚那行字。

《伊豆的舞孃》是川端康成的成名作。他自小經歷近親相繼死亡的孤苦，造成抑鬱憂戚的孤兒個性，又對東京第一高等學校優秀學生之間的明爭暗鬥，無法忍受，所以離開學校到伊豆旅行。途中遇到流浪賣藝的舞孃一行人，結伴同行數日後，他聽到私心傾慕的舞孃對同伴談論他說：「眞是好人哪！」同伴也點頭贊同。一句無心的話，卻深深震撼了他，洗滌鬱積許久的悲愁。不斷聽到別人說他「可憐啊」長大的川端康成，第一次聽見有人以世間尋常語氣評價他是好人，有難以言明的感激，喚醒他壓抑已久的活力。短短一周的旅行，延伸成一生的燈火，照亮心中陰暗的角落，亮度擴及全日本，直到世界各地。

沒想到最關鍵的一句話，以如此簡單直接的方式呈現眼前。

川端急急忙忙趕上舞孃的腳步，一同來到湯野。如今，又要追隨誰的足跡呢？石階上足印早已消逝，兩旁山勢險峻，遮蔽大部分天空，河津川流水潺潺，冬天蕭索的景象。橋的那一端是福田家，純樸的溫泉山城，歷經一世紀，卻保持舊貌。早已在書中所附的黑白照片看過，雖是第一次來，環顧周圍景致卻有一股熟悉感。想起到紗帽山洗溫泉的經驗，只要間隔幾個月，行義路上就會多出新的建築物及霓虹燈。所以到湯野前，早有心理準備，預期見到改裝成金碧輝煌的度假飯店，就像現代化的熱海。不料卻像回到川端康成時代，也許要感謝當地不便的交通，至今只能通行巴士。

院子裡一尊楚楚可憐的舞孃雕像坐在石頭上，似乎還在靜靜等待川端一起下棋。仰望旅館二樓，川端康成在窗口丟下請吃柿子的錢包，現在門窗緊閉。拉開斑駁的木門，昏暗的櫃台沒有人，高喊幾聲，想說明來意，卻還是沒有人影。寂靜的旅館忽然響起刺耳的電話鈴聲，繃緊的神經不斷加壓，終於嘎然停止。木櫃上有許多來訪人士留下的書法、圖畫，有上百張之多，大多以伊豆舞孃爲主題。有一張舞孃泡在溫泉裡很快樂滿足的漫畫，令人會心一笑。迫不得已自己開燈，窗戶旁是日本傳統的燒烤火爐，書櫃裡有《伊豆的舞孃》、《古都》、《川端康成考》等書，照了幾張照片，關燈，離去。

走旅館旁的小路，到達「伊豆舞孃文學碑」，大理石的碑文鑲嵌在一塊巨石上。修剪整齊的庭園，後面有一棵老櫻花樹，想見春天的燦爛。現在則是白色枯枝，別有蒼茫之美，見證不隨時間消逝的美好情事。旁邊有一個短歌投稿箱，《伊豆的舞孃》被讚譽爲青春抒情詩，的確是短歌的好題材，也回應川端晚年浸淫《源氏物語》，回歸日本抒情美學的傳統。

在河津七瀑布下車，已是下午三點。中午在河津太興奮吃不下，本想到湯野再吃，沒想到山城如此偏僻，只能在小雜貨店買塊墊著竹葉的艾糕，吃起來像紅豆麻糬。山中寒氣冷冽，又凍又餓，經過一間咖啡店，趕快走進去。置身暖氣裡，最尋常的牛肉蓋飯，吃得津津有味，全身都放鬆了。旅行時，習慣在咖啡店收拾心情，讓疲累歇腳，剛好遇到草莓盛產季節，點了一客綜合草莓，包括新鮮草莓、草莓冰淇淋、醃草莓醬、草莓汁，意外的自然饗宴。把行李寄在咖啡店，老闆吩咐他五點關門，要早點回來拿，第一次遇到那麼早關門的咖啡店。

經過一間兼賣紀念品的茶店，也在收拾東西，可能淡季生意不佳，普遍提早結束營業。

當地共有七個不同的瀑布，卻直奔初景瀑布，只因有高中生及舞孃的塑像，自然風光加上文學的深度，往往更吸引人。川端康成戴著制帽，身穿藍底碎花白紋的高中制服，腳穿木屐，坐在瀑布旁的大石上休息；舞孃梳著古典的大蓬髮，藝人的和服裝束，右手倚著太鼓，微微低著頭，神情不勝羞澀。想像當年流浪藝人一家人翻山越嶺，帶著道具及鍋碗瓢盆，奔波勞頓，只有沿途季節變化之美，撫慰旅人的心。川端康成單純的好意，也打動了一向受人輕視的藝人們，觸發一段難得的情誼。

離開初景瀑布搭巴士要到淨蓮瀑布，窗外積雪盈尺，連農田都白茫茫一片。只是下午五點卻天色昏暗，路上沒半個人，家家戶戶門窗緊閉。放暖氣的車內沒半點暖意，外面溫度想必接近零度，難怪河津的店鋪要早早關門。旅伴驚懼地說：「我不想因爲看什麼雕像死在荒郊野外。」看著陌生又熟悉的密林山路，不禁懷疑爲何執意要來這個偏僻的溫泉山城。

司機看我們不敢在淨蓮瀑布下車看紀念雕像，臉上帶著笑意，大概在嘲笑外地人的天眞。改在湯島溫泉站下車，向一同下車的婦人問路，她指著兩個小學生，說跟著她們走，走過大約十幾分鐘的下坡山路，一道長長的橋，一片依稀可辨的農田，一個女孩的家先到達，默默跟著另一個女孩走，早已不辨方向，她在一個交叉路口站定，要我們往下走到路的盡頭，就輕快地左轉回家了。

盡頭的山壁掛著一塊旅館招牌，沒有開燈。順著路右轉步下三個石階，櫃台內有一個歐巴桑背對著在看電視。心中奇怪，因爲日本溫泉旅館一向以親切有禮著稱。她也嚇一大跳，原來當天是休息日，責問爲何不先打電話確認。我們不知道旅館還會休息，當時又是日本淡季，旅客稀少，所以根本不會想到需要預定，愣在當場。馬上解釋我們是從台灣來的，因爲喜歡川端康成《伊豆舞孃》，特地來訪；又保證不須準備餐點及客房服務，她才勉爲其難地接受。

「冒險家，眞是冒險家。」歐巴桑一邊端抹茶及和果子來，一邊喃喃自語。換上旅館的輕便浴衣，衣服散發溫泉特有的味道。因爲喜歡川端康成筆下描述的溫泉風情，連續好幾年休假都到日本泡湯，嘗試過湖邊、火山、海邊、庭園各式各樣的溫泉，連類似活埋的砂湯也不放過。現在來到川端康成前後住了十年的湯本館，他創作《伊豆的舞孃》的地方，坐在榻榻米上卻只是發呆，彷彿這樣即已心滿意足。歐巴桑代叫了兩客炸豬排飯，盛情難卻，勉強吃了一些，歐吉桑拿了白色被套，危顫顫要來鋪床，連忙自己動手。閒談間才知這間溫泉旅館已經一百年了，傳統的木造建築已傳了四代，當年照應川端康成的安藤唯夫是他的祖母，他小時候也曾見過川端康成。問他在湯本館待多久了，回答「從江戶時代開始」就哈哈大笑離開了。留下驚疑不定的我們，許久才領悟他是開玩笑的。

推開木製套窗的門，走到陽台，庭園也積雪未消，據說是幾年難得一見的大雪。黑暗中聽到轟隆隆的水聲，想必狩野川相隔不遠。禁不住凍意，回到有暖氣的房間，想到百年老屋今晚只有我們，毛骨悚然。

在休息日打擾覺得不安，翻遍行李找到四隻小泰迪熊，在伊豆高原的泰迪熊博物館買的，彷彿聽到小孩的聲音，和旅伴對看一眼，即刻拿了一隻小熊跑出去。一個三歲左右的小男孩，獨自站在櫃台外，把小熊交給他，他高興地大叫媽媽來看。一位年輕婦人從門外進來，一臉驚訝把小熊拿走放在櫃台上，小男孩哭叫著要去拿。旅伴打開櫃台的門，向安藤婆婆解釋，希望送她的孫子一個小禮物。看到裡面還有一個小女孩，我連忙轉身奔回房間拿出另一個泰迪熊。安藤婆婆看到兩個小孫子快樂的表情，高興地叫小孫女道謝，小女孩用清脆稚嫩的嗓音大聲說謝謝。

走廊牆壁掛滿黑白照片，大都是東映映畫公司拍攝〈伊豆的舞孃〉現場，有一張是白髮蒼蒼的川端康成和飾演舞孃的年輕女演員談笑。由於人們的喜愛，改編爲電影上映有五次之多，十四歲的清純舞孃不只活在作者心中，也感動了無數觀眾。旅途中的一點善意，往往溫暖飄泊的旅人，讓人回到原來複雜的人際網絡時，有更多的勇氣與自信；也是心情灰暗時，想望旅行的誘因。

走廊的深處是古老的西式客廳，牆上則是川端康成得到諾貝爾獎的剪報。一張他走出鎌倉自宅門口的照片，佔了半版，背景是日式格子拉門，反襯他瘦小的身軀。讀賣新聞譽之為日本的心，霎時，像看到葉尖一滴露珠反射晨曦的感動，說不出心中的滋味。一向自認為無用之人的他，竟然得到有用世界的獎賞，也許，只能算是美麗的迷途。

隔天一早起來，就先去洗露天溫泉，雖然只住了一夜，像在家裡般自在。從客廳走出陽台，庭園緊臨著狩野川，難怪流水聲一夜嘩啦啦地響。經過一個木造小屋，可放置衣物，溫泉浴場用天然石頭砌成，如果不是冒著煙，根本和溪水無法分辨。泡在熱呼呼的溫泉中，想起有著銳利大眼的川端卻說溫泉是觸感及嗅覺的世界。不同溫泉有不同的觸感，赤裸裸的肌膚特別敏感，湯島溫泉有山霧的清新柔細，溫泉味道混合了竹香、雪氣、岩石、枯枝、焦黃的陽光等各種氣味。川端喜愛溫泉的原因，除了治療神經痛外，暫時閉上能反映虛無的眼睛，純粹感受自然的喜悅，與天地融為一體，才是把溫泉旅館當作第二故鄉的主因吧。趴在浴槽旁，聆聽水聲沖擊岩石，小鳥啁啾鳴叫，風吹竹林起伏如浪，睜不開眼睛。

歐吉桑帶領我們到二樓川端長住的房間，只有四張半榻榻米的大小，整理得異常潔淨。一切保持原狀，櫻花木做成的柱子，窗戶打開可以看到溪水，牆上是川端的書法，寫著《伊豆的舞孃》開頭：「路是曲曲折折地伸展著，心裡以為快到天城山頂，驟雨染白了密密麻麻的山林，迅猛地自山腳朝我追逼而來。」平淡卻韻味深遠。書櫃裡放滿了川端的作品及相關書籍，幾乎都看過中文版。歐吉桑說他祖母用結實的燈芯絨做了座墊，但是川端用了第二年就破爛不堪了，可見全天都坐在上面，辛勤寫作。

一群人在隔壁房間說話，以爲是旅客，一問之下，竟是歐吉桑邀請來驅魔的，大驚失色，回想昨夜有何異狀，似乎只是老建築較陰森而已，不禁猜想川端死後如果有魂魄，大概不會回到寂寥的出生地，也不會回到晚年住了三十多年的鎌倉，川流不息的訪客，太喧囂了，而是徘徊湯本館，溫厚親切的人情及素樸的大自然，一向讓他心寧安定。

離去時，安藤婆婆特地贈送印著舞孃圖案的紀念筷子，再三惋惜說沒能好好招待，推薦春櫻及秋葉都有不同的美，下次來訪就可以隆重接待。一一告別後，依依不捨走出大門，滿眼燦爛的陽光，昨夜的嚴寒恍若隔世。走上坡路，看見地下水道的鐵蓋，也是舞孃圖形，無遠弗屆的魅力。

走到第一個路口，遇到歐吉桑開車出來，以爲他要外出辦事，他卻叫我們上車，問我們想去那裡。驚訝之餘回答想吃拉麵及到淨蓮瀑布看舞孃雕像，他馬上開車離開村子，經過昨天下車的巴士站也不停，直接開往淨蓮瀑布的方向。忽然，他的大哥大響起，講完後，顫抖的手按了幾次關不掉，竟然不看彎曲還有殘雪的狹窄山路，低頭看手中的大哥大，生死一線間。

到達拉麵店，老闆娘跑出來迎接，大概是看歐吉桑親自接送。分手時，請歐吉桑在蓋有湯本館紀念章的簿子上簽名，安—藤—祥—男，雖然因年老重聽溝通不易，但盛情難忘。吃過香菇及炸蝦拉麵，此地生產的香菇及溪蝦清甜味美，老闆娘還熱心贈送當地風景地圖。詢問紀念雕像要怎麼走，原來就在店對面的廣場，難怪歐吉桑帶我們來這裡，一舉兩得。

舞孃手持竹竿，遠望川端右手遙指處，也許是天城山頂，也許是舞孃的故鄉大島波浮港。兩人都面露笑容，或者只是看到岩石流出的汩汩清泉，可以解渴。雕像旁有三排木椅供旅行團拍照，剛好看到一群日本老先生老太太，興高采烈在調整位置準備拍照，像小學生遠足的喧鬧。旅行，是不分年齡的快樂，美好的回憶，現代人用相機代替眼睛，作永遠的留存。

回程才發現，伊豆舞孃之路，完全顛倒了，湯本館應該是起點，福田家是終點，卻從終點走到起點。旅途的終點，是人生的另一段起點嗎？已無法思考。結束寒風中的追尋，甜蜜的倦怠感襲來，沉沉睡去。

旅行的記憶，就像是生活中的甜點，鬆軟綿密，讓人感覺到幸福的滋味。那一段旅程，潛意識卻避免提起，深藏如萬年冰雪，不敢融解，怕造成洪災，千里汪洋。日子一樣過，只是失了魂，空蕩蕩的。

曾經留在川端康成眼底的風景，也映現在我的眼中。如果細看我的瞳孔，飄雪的溫泉，氤氳繚繞。

【困頓時只想獨處】

搖搖欲
　　墜

人　擦身而　過
　人　擦身而　過
　　人　擦身而　過

下一秒

　　灰飛煙

　　　　滅

影子躲在　垃圾堆

帶影子回家

洗澡　洗去一身黑

烘乾　一張手工米白信紙

困頓時只想獨處絕交書

寄出

沒有一個地方叫遠方

遠方，到底在哪裡呢？

人往往會被自己困住，雖然外表如常，但總有一些不同的心情，在心底深處，不時偷襲，使自己在現實生活及眞正的想望間，游移。歲月好像不曾移動，一直在執著的那一點，停格。

在台北待了七年，新鮮早已經被厭倦取代。台北是遠方的過去完成式。

告別台北，又回到了家鄉。泡沫紅茶店、國際街的個性咖啡、綠園道的豔紫荊、東海大學的牧場，這些原來習以爲常的地方，現在卻散發異樣的光芒。隨時就有一片綠地可以獨處，低廉的價錢就可以享受高品質的休閒文化，走在巷子內不會遇到瘋狂按喇叭的計程車，似乎也是一種幸福。

天上的雲，還是一樣悠游，我，卻不再是原來的我了。不斷搬家，像遊牧民族，逐水草而居。

加入了廣大上班族的行列，一年只有少少的休假，卻花很長的時間計畫、期待、快樂。

感覺上，桃園機場的停機坪，停放的不是飛機，而是飛向遠方的翅膀，只要裝上了一雙翅膀，就可穿越雲端，在一個陌生的地方迎接日出，在一個人都不認識的城市漫遊。用全新的語言對話、生活、看電影。

對旅行的渴望，其中有幾分是對現實的不滿呢？那幾年的生活，就像一個拿了一手爛牌的賭徒，每次充滿希望翻開紙牌，總是失望。不動聲色，押上更多借來的籌碼，心急如焚，無力改變賭局。

曾經搭上台灣經濟起飛的家庭，染上浮華投機的社會風氣，長久累積的基礎，陷入快速崩解的命運，身陷其中。眼睜睜地看著父母白手起家的房子如流沙沉淪，除了奮力跳出，別無他策；想用繩索拉住下陷的房子，螳臂擋車。

最後一次，回到售出的老家，整棟房子已經空蕩蕩了。沒有家具的房子就像樣品屋，毫無生氣。走到二樓父母的房間，黑白照片散落一地，這些回憶，已經沒有人在意了嗎？形同陌路的夫妻，如何看待結婚照，是當初照相的攝影師也無法預料的吧。

走出老家，那時候並不知道，已經沒有地方可以回去了。

令人窒息的生活中，遠方是一個出口。日本、新加坡、夏威夷……，可以選擇的地方不多，一年可以旅行的時間不超過一星期，卻是飛出牢籠的小鳥、游入大海的魚，盡情地跳躍、呼吸。慢慢累積在異鄉獨立的能力，把握每一分鐘體驗異國風情，然而，時間一到，像灰姑娘一樣，必須回到粗糙的現實，繼續生活。

把旅行的照片做成紀念冊，回味每一個風景、每一句對話、每一張面孔。直到淡忘，開始幻想新的旅程。

那時候，旅行的時間太短、走過的地方太少，找遍世界地圖，沒有一個地方叫遠方。隱約有感覺卻還不明白——遠方在道路的盡頭，廣大無邊的空間，等待旅人下定決心。

聽見出發的號角一再吹起，在心中打包行李，隨時準備上路。

【RAINY DAY】

外面的世界看不清
兩人的關係也歸零
只有音樂的RAINY DAY
OH RAINY DAY

心中的風景好荒涼
臉上的微笑太牽強
只有音樂的RAINY DAY
OH RAINY DAY

同一個城市中淋雨
同一道彩虹下相遇
是否要從頭開始
清冷街頭夜夜徘徊

RAINY DAY OH RAINY DAY
WAITING FOR MY SUN
WAITING FOR MY HEART
SHINING AGAIN

卷六

河流

Time to Fly Home

【淨世界】

單車
清水斷崖
滑走千仞懸崖
穿梭　窮山惡水邊界
發現
　淨世界

在漢堡遇見〈悲情城市〉

旅行時間愈久，故鄉的形貌卻愈清晰……

人很容易對身邊的事物習以爲常，只有跳脫出來，才會發現平常忽視的日常瑣事，多值得珍惜。經過兩年的旅行，從遙遠的距離看台灣，感覺和置身其中完全不同。

到達漢堡的第一天，就一直向德國朋友絲雅大力介紹台灣，送她德文的台灣介紹，並鼓勵她學中文來台灣旅行。當晚她興奮地跑來告訴我們，電視上似乎在播放中文節目，跑到客廳一看，竟然是侯孝賢的專訪，德國電視台特地到台灣採訪拍攝。畫面從侯孝賢的故鄉街頭開始，跟著他的身影到台北街頭、九份、平溪小火車、漁船、KTV，穿插電影片段，及吳念眞、朱天文、李天祿、高捷及林強等好友的採訪。

一邊向絲雅介紹影片中台灣的功夫茶、布袋戲，一邊重新省視習以爲常的台灣景象，台北街頭擁擠的交通、麵攤老闆娘正在削山藥、老舊的日式房子。千里之外，一種無法和外國朋友分享的心情，唯有在同一塊土地成長的人，才能體會。似乎斷斷續續看過侯孝賢的電影及報導，卻是第一次聽他講述電影創作歷程及理念，一個眞實坦白的人。他講到家中的一切似乎都是暫時的，沒有家譜沒有祖墳，說完擦了一下眼睛。

由於歷史因素，台灣的社會充滿了危機感，有一種共同的焦慮，心情沉重，想在回台灣後看〈悲情城市〉。當初電影放映時，未滿二十歲，一心對未來充滿憧憬，想要探索世界，對描寫家鄉歷史的電影毫無興趣。經過了十年，終於實現走萬里路的夢想，卻在異鄉回首故鄉，想要了解故鄉的過去。

上天的安排令人無法置信。隔天拜訪燦琴介紹的麗珍及安迪夫婦，在二十多年前到台灣旅行因而開始學中文的安迪，國語非常流利，深受中國文化的薰陶，家中收藏書法、字畫、古董，還在溫室內種香蕉、百香果、釋迦、野薑花等台灣植物。麗珍特地煮了豐盛的食物招待我們，竟然還有滷味、花枝炒空心菜、餛飩湯等台灣小吃。最令我們驚訝的是〈悲情城市〉的德文字幕正好是他們夫妻翻譯的，在德國深受歡迎，他們還有錄影帶可以放給我們看。因爲錄影機的問題，畫面是黑白的。

片子很長，卻覺得時間過得很快。曾在距離八斗子及九份數十分鐘車程的基隆住過半年，所以片中場景非常熟悉，總是陰霾蒼茫的臨海山城，見證人事的變化，如誠摯熱情卻不能用語言表達的主角文清。黑白的畫面，加上遠距定點的鏡頭，像紀錄片的寫實客觀。一個家族在權力的變局中慢慢衰敗沒落了，自然樸實的畫面，深沉活躍的生命力，難怪在國外影展大放光采。以前總是覺得台灣新電影沉悶，對來自國際的讚譽冷淡，現在雖然是遲來的領悟，也許是重新瞭解的契機。

走出悲情的基礎，也許要認眞回顧歷史的傷痕，才能有多一分的包容，避免日後的遺憾。在德國遇見台灣，在漢堡遇見〈悲情城市〉。

【單車環球夢】

單車環球夢的地圖上
有一條友誼綴成的花徑
穿越溪流　登上峻嶺
引領夢想
發現新視野

單車環球夢的羅盤上
磁針永遠指向同一個方向
穿越風雨　迎接朝陽
指引旅人
回歸心的故鄉

夢想的萌芽到實現
分分秒秒　不能用現實來衡量
旅程的起點到終點
日日夜夜　只能以生命來度量

告別昨日的地球
今天的世界更寬廣
前進吧　迎向明天的
明天的希望

河流

在愛沙尼亞往中部湖區的公路旁，一排排的白樺樹延伸到遠方。初秋，大陸型氣候卻已降至攝氏三度左右，我們身上保暖用的圍巾、毛帽、毛襪、手套一應俱全。

一條長長的寂寞公路，經過的人不多，車子也不多。

坐在路旁，等待不知道什麼時候會來的公車，不自覺想起河流。

感覺河水緩緩地流過身上，漂浮的細沙依舊迴旋而過。望著河面落下的枯葉，如一葉舟；深埋在泥濘裡的心，已忘冷暖，不知何往，任河水緩緩流過身上……

爲什麼來到這裡呢？一個脫離前蘇聯獨立十年的小國，全國的資源集中在緊鄰波羅的海的首都——塔林，鄉下落後荒涼，連一個外地人都沒看到，更別說是遊客了。

往時間的上游追溯，上一刻是嚮往旅行的大學新鮮人，這一刻，是一個風塵僕僕的疲憊旅人，中間有十年的距離。這十年來，一心想要出走，想要到遠方，旅行是生活的重心，日常的物質需求降到最低。隨時可以出發，這樣不顧一切地追尋，我到底在追尋什麼呢？

不知道已經旅行了多久，前方的路沒有盡頭，跌倒了，再爬起來。休息一下，拍拍身上的灰塵，繼續走。到遠方的浪漫及想像都已隨著時間消逝，顛沛流離的苦澀一點一滴滲透。

前一天，飄著綿綿細雨，又冷又濕，騎單車到這個湖濱小鎮。地圖上的標示看來是一個頗有規模的小鎮，下午四點抵達，一片漆黑，只有一個像候車亭一樣的小店，有一個小弟在木板搭起來的組合屋賣披薩。問他：「市區？」搖搖頭，看來這裡只有這間賣披薩的組合屋，其他一無所有。站在黑暗中，難掩心中的失望，沒有時間多想，必須趕快找到住宿的地方。

走進一個點著小燈泡的老舊農家詢問，看見一位老婦人在馬廄拿著鋁製牛奶罐倒牛奶給貓喝，一旁堆滿了木柴及農具，彷彿回到了中世紀。她驚愕地望著我們這兩個東方女孩，在寒冷的夜晚騎著載滿行李的單車，不知何去何從。

滄桑疲憊的她走進陰暗的房子叫一個老先生出來，那位老先生看來拘謹善良。我們指著手中的住宿資料，雙手合掌放在臉頰旁示意，口中說著：「Hotell！Hotell！」（愛沙尼亞語），他搖搖頭，奇怪，當地人怎會不知道這間旅館呢？難道是淡季關閉了？又指指電話號碼，做打電話的手勢，他還是搖搖頭。沉默了一會兒，我們不知所措地望著彼此，他回頭走進房內，穿了一件夾克，戴上帽子，圍上灰色手織圍巾，示意我們跟著他。他靜默地走在泥濘的鄉間小路上，走到大約三百公尺的鄰居家，他按一下門鈴，一個胖胖的婦人走出來。他示意我們把住宿資料交給她，我們才恍然大悟，原來他家裡沒電話，他請鄰居打電話聯絡。

太感謝了！雖然他不知道我們是誰，從哪裡來、將往何處去，但是他救了我們這兩個黑夜闖入的不速之客。

幾經波折，我們在旅館主人開吉普車的帶領下，終於抵達了小木屋。完全用原木搭蓋的木屋，嶄新舒適，像是北歐常見的度假小屋，和周圍陳舊灰暗的東歐農村景色完全不同，應該是蘇聯解體以後，針對外國觀光客而建的。

走進屋內，設施一應俱全，還有大壁爐及炭火三溫暖。置身其中，感覺非常溫暖，凍僵的身體逐漸恢復溫度。

問了住宿費，不貴，馬上決定待兩晚，明天可以休息一下，再到前一個村落的小酒館吃飯。中午騎單車經過，在那裡享用了美味的烤雞腿飯，難得的東方口味，早已厭倦西方淡而無味的食物。

「我們搭公車去吧！」每天騎單車旅行，想休息一下。

「好啊！」於是，今天的節目就是搭公車到小酒館吃飯，一件微不足道的小事，卻是漫漫旅程中像鑽石一樣珍貴的快樂。

爲什麼呢？有幾個原因。首先不必趕路，沒有時間的壓力。雖然我們的旅行方式非常隨興，但是如果不能如期抵達下一站，我們的食物、飲水都會有問題，加上嚴寒的天氣，實在不適合露宿荒野，所以必須在天黑前趕到，偏偏現在下午三點，天就開始暗了。第二，不必在陌生的地方奮鬥。每天剛抵達一個陌生地方，就必須耗費心力，迅速解決基本的飲食及住宿問題，還有最重要的安全問題，我們自身的安全、隨身物品的安全，實在不能假裝我們是在「輕鬆愉快的旅行」。經過長久的訓練，培養出像瞪羚一樣靈敏的直覺，在寬闊卻危機四伏的非洲大草原，草食動物必須靠著求生本能才能存活，我們在旅途中也是步步爲營。昨天才剛到這個地方，但是，眼觀四面，已經有了可以掌握一切的熟悉感，感覺像長住了一年，只是出來走走，享受悠閒的假日。

聽起來像自討苦吃，如果只是想要輕鬆地坐公車去吃一頓美味的午餐，待在家裡不是更好？每天都可以輕易這麼做，何必千里迢迢，歷經艱難來到這裡，爲了這麼簡單的事，快樂。

人不能預知未來，順著時間的長河而下，兩岸的風景不斷變幻，極目四望，其實可以看到的景致非常有限。當我三歲在市場和家人走失，看到的只是市場洶湧的人潮；當我籠罩在升學的壓力下，能看到的唯一變化只是天上的雲；當我踏上漫漫旅程的第一天，體會到旅行的精彩刺激，一直到河流侵蝕河岸，原來轉了一個大彎的地方，截彎取直，河水滔滔奔馳而過，到了平疇千里的平原，河岸寬廣，河水變得悠然舒緩。已經不再追求激烈的速度感，青春狂飆的熱情已遠，可以聞一聞沿岸的睡蓮清香、看一看蘆葦搖曳的身影、爲天鵝家族的優雅隊形微笑，那麼，現在在哪裡，或是正在做什麼，好像已不再重要。

離開家鄉夠遠，沒有必須見面的約會，在異鄉踽踽獨行，沒有複雜的人際關係，旅行的時間夠長，沒有排得滿滿的行程。不懂俄文、不懂德文，也不懂愛沙尼亞文，一向依賴的語言文字消失得無影無蹤，失去保護網，也少了無形的束縛。想到這裡，忽然覺得顛沛流離的苦澀一掃而空，何必留戀過去、何必擔心未來，此刻，我是自由的。

自由自在，無所謂地等一班不知道什麼時候會來的公車，準備去吃一頓稱不上五星級豪華晚宴，卻是無意中發現的農村家常菜。

如果說我十多年的追尋就是爲了此時、此刻，那也是値得的。

不免覺得莞爾，爲何不能早一點發現？爲什麼不能用更輕鬆的方式了解？忽然想到貝多芬最後一部弦樂四重奏的第四樂章裡，那個著名的對話：「非如此不可嗎？」「非如此不可！非如此不可！」當初第一次在米蘭．昆德拉的小說《生命中不能承受之輕》中看到這段音樂故事時，只是覺得有趣，音樂家的靈感常常來自日常生活中的小事，一段討債的對話變成音樂中對生命的詰問。

那時，還沒下過艱難沉重的決心，還沒承受夢想必須付出代價，還沒有遭遇絕望到連死亡都不在乎的困境，現在再來看對「非如此不可嗎？」的詰問，產生了一股說不出的親切感。為了好強，白天常常擺出「無怨無悔」的姿態，夜深人靜，無法面對脆弱的自己，想要放棄的聲音一再響起。就像貝多芬用莊嚴的音樂不斷提問，對自己產生的懷疑也是無窮無盡，不能做不同的選擇嗎？自己努力不夠嗎？能力不夠嗎？

這些無法回答的問題，催逼我不斷向遠方走。現在的生活找不到答案，到不同的空間，也許可以。

就像河流只能往低處流，我的腳步，只能朝著家鄉相反的方向走。

眼前的公路有兩個方向，一端連結著我來的地方，另一端也通往我來的地方，生命其實是一個圓。河流有一天匯流到大海，海水蒸發變成雲，雲遇高山落下成雨，又變成河流的上游，一切都只是過程。

那麼，「非如此不可！非如此不可！」的堅持，也只是生命的過程，不是偶然而是必然。就算我做了其他的選擇，一連串選擇導致的結果，有一天，我還是會到這裡，也許不是騎單車來，也許不是坐在路旁，但是天生的靈魂會召喚相似的情境，讓我在這一刻，有相同的感悟。

夠了，長久的追尋已經到了盡頭，接下來就是朝著回家的方向了。

如果你問我，那一天後來怎麼了，有那麼重要嗎？生命中忘懷的事情比記得的事多太多了，人會自動選擇最重要的一刻。而那一天，短短一個上午的等待，已經成爲永恆。

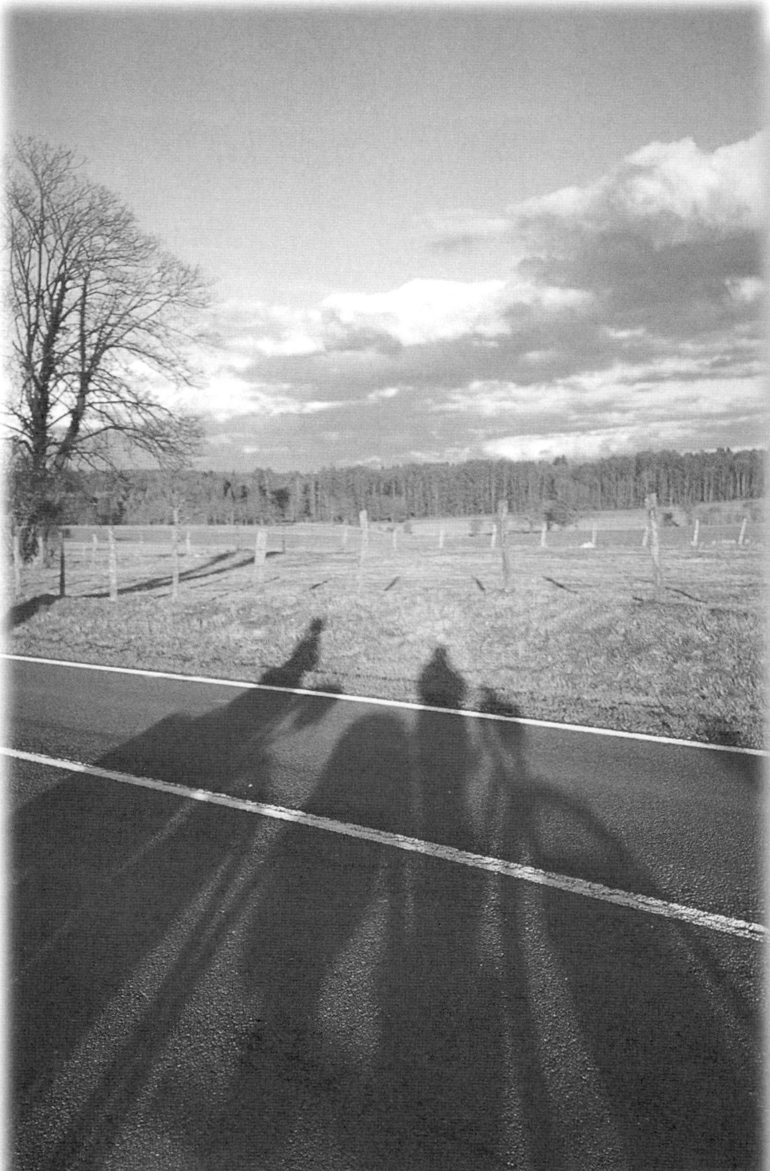

【春意掛窗台】

法國南部　薰衣草未開
小巷　撞上春天

石牆　木窗　盆栽隨意錯落
東掛　西吊　南垂　北鉤

普羅旺斯陽光
照亮　結凍的旅人

【中庭綠】

伊斯蘭　幾何　鐵雕門
網住　西班牙長廊
遮不住　安達魯西亞
中庭綠

窺探的眼
悄悄　進入摩爾王朝八百年

黑暗歐洲的燈火
棄守哥多華　三百清眞寺
退出格瑞那達　阿爾罕布拉宮

遁海
隱沒撒哈拉　地平線的那一端
可曾想起那一方　中庭綠

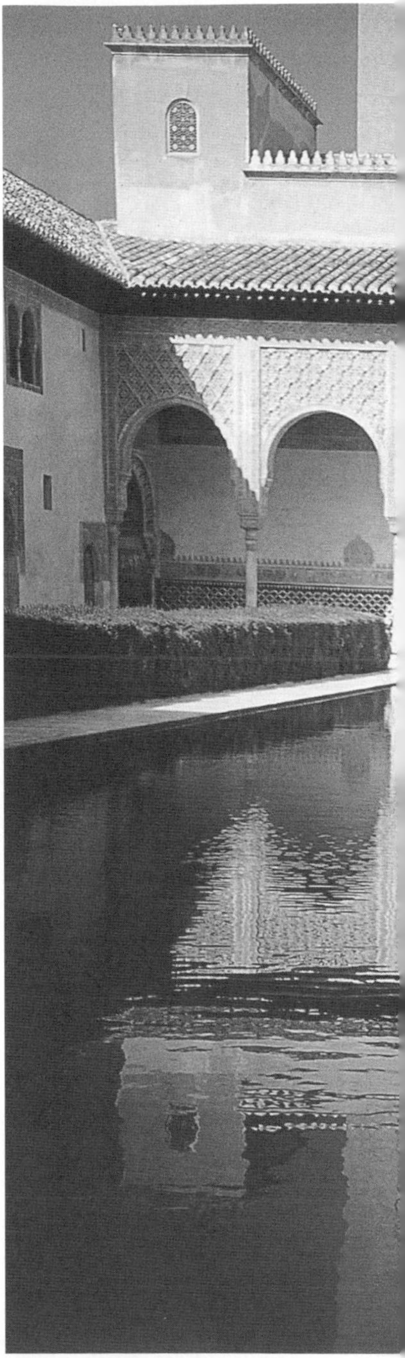

打不通的電話

從小，父女之間的對話，往往不超過十個字。

回家時，看到爸爸坐在沙發上看電視，我們的對話就是這樣：「啊！」「咦？」「嗯。」然後，對話結束，我走進去。這種溝通方式，往往讓第一次陪我回家的同學摸不著頭緒，我只好翻譯成一般人瞭解的對話：「你回來了。」「是啊。」「吃飽了嗎？」「吃飽了。」。

可能因爲爸爸從小就有重聽的問題，聽不清楚老師說的話，小學畢業就沒繼續念書了，所以平常總不多話，就算偶爾說話也總是含糊不清。好像肩負秘密任務的間諜，平常總是盡量隱藏自己，不要引起別人注意。

媽媽剛好相反，口齒清晰嘹亮，她在一樓講電話，我們在三樓聽得一清二楚。她的聲音像一把張滿的弓，可以射往她瞄準的任何方向，毫不費力。

離家到台北念大學前，最深刻的印象就是在讀書的夜裡，爸爸走上樓沉默地遞消夜給我。我驚喜地打開袋子，裡面有時是木瓜牛奶和烤土司，有時是蛋皮壽司，有時是嘉義米糕。爸爸對於美食有一種天賦的靈敏嗅覺，又樂於花錢享受，即使自己開餐館，總是到外面買回他鍾愛的食物，和我們分享。然後，他笑逐顏開地拍拍我的肩膀，似乎暗示我「那很好吃哦！」就下樓了，從沒注意我看的是教科書，還是壓在教科書下的金庸小說。

我和媽媽的對話，就完全不同了，「你知道我爲這個家犧牲多大嗎？你爸爸……」一場滔滔不絕的演講，從小到大，讓我們三個小孩啞口無言，連同爸爸一起虧欠了一筆一輩子也還不完的債。小時候，看到爸爸離家不歸，沉迷賭博，媽媽大吵大鬧，跑回娘家，聽奶奶在一旁叨唸：

「做人父母擱袂樣想，親像囝仔咧。」受到奶奶影響，不知不覺，用一個大人的眼光，看兩個不懂事的小孩。同情兩人坎坷的童年，無條件包容，卻忘了我才是小孩。

記憶中，不曾向父母撒嬌，在撫養我長大的奶奶去世以後，更是沉默。不論是在餐館幫忙，或是在家裡做家事，盡力扮演一個乖巧聽話的女兒，一直等到離家那一天。

離開才發現，家人，是一生的關係，無法選擇，無法逃避。命運把一家人綁在一起，越想掙脫就越緊，大大小小的怨懟，像火苗，灼傷自己，也灼傷別人。

旅行，是爲了逃離嗎？藉著一次又一次的遠走，遠離家庭的繩索，鞭長莫及。

拖著冰山旅行，在旅途中眞情相待的陌生人，一點一滴融化了巨大的冰山，帶來一抹綠意。雖然海水還是冰冷的，至少，吹來了溫柔的南風。

以單車爲舟，在歐洲大陸飄盪了一年，到達希臘時，想要回家的心已經到了極點。再也無法忍受餐風露宿的生活，吉普賽人的歌聲，歡樂中帶著亙古的漂泊，必須離開出生地到處流浪，是浪漫的旅程，還是殘酷的命運？

走出渡輪，在希臘的港口看著地圖，選擇南下橫越伯羅奔尼撒半島到達愛琴海，這是古希臘人從崎嶇的山地走到海岸平原的遷徙路線。自恃有了兩年的單車旅行經驗，這只是小小的插曲，卻輕忽地圖上表示地形起伏的糾結色彩。當我們在險峻的山路上前進，偶爾經過的車都停下來，希臘司機瞪大了眼睛望著我們，似乎不敢相信，這樣險惡的地形，竟然有人在騎—單—車。

偶爾聽到山谷迴盪的牛鈴聲，千年不變的牧羊人，思緒回到荷馬史詩年代。希臘名將奧德賽以木馬屠城的計謀打敗特洛伊人後，一心想要返鄉與妻兒團聚，卻因觸怒了海神波西頓，經歷了種種險阻，遭遇了獨眼巨人、食人族、魔女島、大漩渦等驚險旅程，在地中海諸島漂流了十年，憑著機智及毅力才回到故鄉。

一個人離家有千百種原因；一個人想要回家，卻只有一個原因，我的家在哪裡呢？

陽光讓赭紅色的山頭巨岩更加刺眼，不斷攀升的上坡消耗僅存的力氣，只剩意志在苦苦支撐。身體處在挑戰極限的邊緣，思緒卻自由飛舞……

一直說服自己，要包容父母的所作所爲，爸爸身爲養子，從青少年就開始在外流浪；媽媽小學畢業，就必須出外幫傭賺錢，他們並沒有眞正享受過家庭的溫暖，當然不懂得付出關愛。一直用同樣的理由催眠自己，強迫自己忍耐。

所有的傷口，都會發出呼喚，等待包紮，不能置之不理，一向躲在文字中，用碘酒及藥膏，安慰身體的哭泣，卻不能保護自己一再地受傷。

艱難地踩踏前進，一陣愛琴海的海風吹來，終於願意對自己誠實，承認「必須不斷找理由去原諒，代表還不能原諒」，壓在心頭的重擔，終於卸下，寬恕必須從眞實情緒的發洩開始，多年來，一直想從文字中求得智慧，以爲自己早已超越，聽不見哭泣的聲音。

奧德賽在戰場上創下英勇戰功，卻不能解救家鄉深受求婚者騷擾的妻兒，除非他踏上歸鄉之路，我就算走遍了全世界，結交全世界的朋友，如果不能誠實面對自己的家人，那我到底從旅行中學到了什麼？

站在伯羅奔尼撒半島的峻嶺邊緣，遠處愛琴海的海面閃閃發光。終於走出來了，無法抑制心中的喜悅，看著眼前的蜿蜒山路，將要像雲霄飛車一樣，一路溜下海平面。終於可以洗澡了，蓬頭垢面的滋味難以言喻。

回家的路遠比想像中漫長。

從希臘到小亞細亞、埃及到肯亞，從北半球的初春到南半球的冬天，經過一百多天，我們抵達肯亞首都——奈洛比。在治安惡名昭彰的都市，戰戰兢兢停留一周，爲接下來的非洲之行做好萬全的準備。突破萬難辦好南非簽證，注射B型肝炎、腦膜炎及傷寒疫苗，開始吃奎寧片，買蚊帳及防蚊液預防瘧疾。

請教當地人的意見，研究地圖，考慮到肯亞簽證的效期，決定先搭一段火車到轉運站Voi，再決定是騎單車往南到充滿回教情調的海岸城市蒙巴薩Mombasa，沿著海岸線進入坦尚尼亞；還是往西從肯亞邊境Taveta騎進坦尚尼亞的Holili，進入吉力馬札羅山區，攀登非洲第一高峰。

中午到火車站詢問火車時刻表，發現班次改了，如果不當天走，隔天的班次停開。當機立斷，先到超市採購，再趕回露營區收拾行李，吃了烤雞和麵包當午餐，洗澡、收衣服、整理行李，出發。趕在火車站的行李房下班前托運單車，一一塡好資料，留下旅伴看顧行李。

我獨自穿越繁忙的人潮，到電信局打電話。

雖然平常透過妹妹的電子郵件報平安，今天是父親節，想要直接和爸說話。讓他知道一切安好，很快就要回家，已經離開台灣十四個月，非常想念家人。

詢問國際電話的費用，一分鐘兩百五十先令，天價，等於旅館一天的住宿費。忍痛付了五百先令，家裡沒人接，打到妹妹的手機，只聽到她「喂！」了一聲，我緊張地講了一大堆話，電話卻傳來霹靂啪啦的雜音，忽然就斷了，也不知道她聽清楚了嗎？

失望地走出電信局，亂糟糟的街道上，擠滿行李和乘客的小巴士，掛在車外的車掌還在不斷地招客；一堆一堆的水果擺在泥地上的攤販；身穿印花沙龍的女子頭頂著貨品行走。這裡就像是電影〈遮蔽的天空〉裡，男女主角一心想要追尋的「遠方」。

不知道為什麼會置身這裡？每天有處理不完的問題，擔心蚊子帶瘧疾、擔心飲水有傷寒桿菌、擔心疫苗的注射針孔頭有愛滋病毒、擔心路邊的陌生人打劫……卻不能在台灣，為爸爸慶祝父親節，一起去吃全家人都愛吃的海鮮大餐，連打一通電話都這麼難。

想到在台灣工作的菲傭及外勞，為了一份改善生活的工作離鄉背井，他們一定也很想念家人。白天在陌生的環境努力工作，晚上度過孤寂的長夜，一通電話，是多大的慰藉。

走回行李房，單車托運，但是所有的行李必須自己搬到火車上。看到我們兩人十四袋的行李，站務人員好奇地說：「你們是來作研究的嗎？」苦笑地搖搖頭。

方便掛在單車架上的行李袋，一點也不適合用手提。將近五十公斤的行李加上五公升的水及一些存糧，步履維艱地走到月台，坐在椅子上，不知道爲什麼要這麼辛苦？眼淚忍不住掉了下來，眞想立刻結束旅程，回到台灣。

「你怎麼了？」旅伴問。無論遇到多艱辛的處境，從不曾看過我掉淚，即使從生死一線的意外醒來，也是以豁達的態度面對。

一句話也不想說，心情跌落到谷底。等到七點上了火車，迎向最後一段旅程。

打不通的電話，代表了什麼呢？距離造成的美感嗎？我們同在一個屋簷下無法溝通，用海底電纜傳輸的國際電話就可以嗎？在火車上沉沉睡去，迷迷糊糊中想到，也許有一天，會有那麼一天，穿越所有的迷惘，感謝所有生命的安排，眞心的。

【天堂的記憶】

長長的睫　是紛飛的蝶
亮亮的眼　是閃爍的螢
笑聲似波　不斷湧來　輕輕盪漾我的心

長長的髮　是飛揚的花
亮亮的唇　是甜美的吻
幽香似雨　不停飄落　緩緩昏眩我的心

天堂的記憶　似幻又似眞
最初的愛戀　似遠又似近
你向我走來　我一步步退
退無可退　一轉身
迎向你及未來

天堂的記憶　似幻又似眞
最後的愛戀　似遠又似近
我向你走去　你一步步等
等了又等　一箭步
迎向我及未來

卷七

Time to Fly Home

候鳥返鄉

【候鳥返鄉】

高空　鳥瞰
大地　地球的一塊地毯
湖泊　大地的一滴眼淚　揮別
結凍的家　追逐陽光

迎風　展翅
　順風　滑翔千里
逆風　艱難半尺
舞動每一根羽毛　與氣流周旋

　　　飛往太陽與星星的方向
　　飛往溫暖甜美的遠方
　追隨旅伴的身影
追隨流浪的本能
遠離昨夜的安眠
　遠離古老的記憶
　　忘懷旅途的顛沛流離
　　　忘懷生離與死別的傷痛

負傷　起飛
　生死　一線之間
　夢想　一念之間
消瘦的身軀 隱藏巨大的能量

熱帶　樂園
　嬉戲　魚蝦隨處跳躍
　梳理　浸淫風雨的羽毛
雷聲驚動天地　春天來了

異鄉　故鄉
　終點　爲了飛回起點
　爲了一個永恆的承諾
心急如焚　趕路　趕路

披星　戴月
　槍響　打亂歸鄉的隊伍
　陷阱　網住悲哀的眼神
驚心　橫越浩渺的海洋

回到出生與成長的地方
回到天然純淨的冰洋
追逐伴侶的身影
追逐愛情的本能
共享朝夕的相守
共享新生的喜悅
想起旅行的自由不羈
想起未知與已知的風景

幼鳥　學飛
抓住夏天的尾巴
聽見季節的時鐘　逼近
準備第一次的　遷徙

高空　鳥瞰
大地　地球的一塊地毯
湖泊　大地的一滴眼淚　揮別
結凍的家　追逐陽光

永遠的旅人

台北盆地的悶熱未消，傍晚在忠孝東路一條巷子的麵館，三個人揮汗如雨地吃半筋半肉的香濃牛肉麵。剛從阿富汗回來的《經典》雜誌總編輯王志宏疲憊卻一臉興奮地說：「這次到阿富汗有幾件好玩的事，還不錯。」

想起上次九一一事件後，他和慈濟救援小組送物資到阿富汗難民營回來，坐在會議室的他，整個人像是乾枯的樹，毫無生氣，臉上的線條流露深深的悲哀。我們剛離開待了四個月的非洲，了解那種痛心，親眼看到那麼多善良無辜的人生活朝不保夕，內心的震撼難以撫平。知道無法安慰，Vicky開玩笑地說：「學長，你的臉好像爛抹布。」又說：「你現在那麼努力工作，是不是要補足在西藏十年的遊盪？」

人和人的相遇，實在難以預料。一九九〇年第一次碰面，那時是參加政大校內的旅行講座，當時他擔任《大地地理雜誌》攝影召集人，也是政大攝影社的指導老師，在台上講解青藏高原的照片。畫面中的藏民身穿色彩鮮艷的衣服，站在天高地闊的高原上，有著知足樂觀的神情。在台下的我和Vicky是剛開始計畫自助旅行的大學新鮮人，對於遠方充滿了無限的幻想。看到他走過歐亞非美二十多國旅行報導的經歷，簡直是仰之彌高的「傳奇」。

一個晚上的交會，匆匆別過，迎向各自的道路，現在回想起來，那一年剛好是彼此人生的轉捩點。他於《在龍背上》書中寫到：「目睹藏族牧民的游牧生涯，其全部家產除了牲畜外，就是那幾口裝著全家家當的大箱子，如此竟讓我對當時生活上的種種繁瑣產生了某種程度的省思。這終究促使我做成了一個決定，辭掉了當時的工作，以俾專心地旅行於高原上。」那時，他開始了藏區十年的旅行，一個深情的旅人，除了以文字和攝影記錄個人的感動外，也跳脫過客的宿命，挺身在摯愛的土地上扎根。旅途的後五年他以個人的力量，結合志同道合的邱仁輝醫生，靠著親朋好友的贊助，在牧區推廣基層醫療計畫，甚至用個人貸款來湊足經費，無怨無悔。

我們則在同一年的冬天，走出政大的校門，兩個大二的學生選擇離開學校，決定用旅行探險的方法來自我教育。那時的日記寫著：「我們自己知道我們是那種習於遊歷，自己也相對成長，潛力無限，卻不甘囿於傳統的束縛。大學這個環境已不能滿足我們，我們想過得自由自在，雖然辛苦卻體驗更多的生活。對環境來說，我們太尖銳，對我們自己，不想妥協。人的一生只有一次，過自己想過的生活，才是對自己最負責、最誠實的人。」從那時開始，我們跳脫一般社會的規範，奮力往前，頭破血流之餘，總是想著遠方的夢想。

第二次見面，已經是十年後，他回台灣擔任《經典》雜誌的總編輯剛滿一年，我們則是完成第一年的單車環球之旅。一路從北美騎到南半球的紐澳，我卻在澳洲大洋路發生意外，在澳洲醫院接受悉心的治療後，Vicky陪我回台灣休養。在各人自掃門前雪的商業社會，我們默默地面對旅程中途受阻的衝擊，炎熱的夏季卻感到一股寒意。那時，因緣際會再次碰面，時隔多年，他少了年輕的稚氣，多了風霜的沉穩，一見面就說：「還有錢嗎？」不禁笑了出來，Vicky低頭回答：「還有一點，穿越中澳沙漠大概沒問題，反正也沒地方花錢。」對於我的意外，也許因爲長期出生入死的旅程，他只是平淡地詢問復原情況，並不像一般人大驚小怪。甚至聽我們講醫院的趣事，還哈哈大笑，直說：「你欠澳洲很多，小心下次不讓你入境。」後來，他安排一組記者和我飛到中澳沙漠，爲Vicky拍攝穿越沙漠的專題。從那時開始，他似乎就成了我們的「救援小組」，總是在我們需要幫助時，以過來人的經驗詳加指點。

有趣的是，角色似乎顛倒了，他從朋友所謂流連酒吧的「荒野一匹狼」，變成跋涉千里的旅人，再轉換成投入文化出版及國際救援的都會上班族；我們則是從青澀的大學生，進入社會工作多年，終於實現夢想踏上旅途，在世界不同的角落寄明信片「刺激」他。然而，在走過一段又一段無止境的公路後，想到他伏案工作的身影，越來越能體會，一個四處飄泊的旅人，最後選擇回到故鄉貢獻心力的心情。面的擴大到後來已經沒有意義，唯有點的深耕才能留下足跡，就像他持續爲西藏醫療計畫募款：「我的好友說我在做一件一輩子想起來都會笑的事。」

有一次到經典雜誌的辦公室，他欣喜地遞上兩本書說：「這是剛出爐的。」拿過來一看封面，以南極雪海燕的特寫爲底印著《探索與發現——須彌山之東》；另外一本的封面照片是一群在大風雪中等待人道援助的阿富汗難民，書名是《關懷與援助——香格里拉以西》回家細看，欲罷不能。

現在到書店，旅行書已變成顯學，但是也許是市場考量，大多走旅遊享樂路線，眞正的旅行文學，似乎還是西方旅人的天下。像我個人非常喜愛的《世界的盡頭》、《阿拉伯沙地》，都是作者經歷多年艱辛的旅程，對當地的歷史及現況深入了解，用功思索所交出的生命報告。對於一般所謂的旅遊作家，這樣的付出和回收似乎不成正比。

但是很多事無法用物質來衡量，他隨中國探險隊到南極採訪，就是千金難買的經歷。看他的南極札記，在專業的報導及攝影外，清新自然的文字反而比較接近旅人的遊記，尤其他用幽默的筆法面對旅途中的困難，一再讓人掩卷大笑。到南極之前，他訴說那種無依與徬徨的心情：「每個人都要我保重，說眞的，去南極如何保重？我可是一點經驗也沒有……也許這趟經驗後，我想要一段安定的日子。」哈哈哈，想到他後來又有十年的「飄泊」，眞是「違心之論」啊！他在日記裡形容天氣的惡劣是：「最近這幾天，都沒到甲板上去。主要的原因：一是天氣不好；二是天氣不好；三還是天氣不好……」想起在夏天好不容易到挪威北極圈內的羅福頓群島，因爲風雨交加氣溫接近攝氏零度，只想躲在房間內烤火的心情。

以前讀史懷哲的《非洲行醫記》，全篇找不到沉重的說教，史懷哲以幽默的眞誠態度面對無休止的挫折與繁瑣，偉大的情操往往是在平凡的生活中，多一分堅持。書中對原始大地如詩的描寫和當地人的風俗習慣，即使相隔一世紀，當我們踏上黑色非洲的土地，還是栩栩如生，極具參考價值。

也許有很多人，和我們一樣，因爲他「嚇人」的經歷：將近二十年歷史及自然環境保護的深度報導、兩次榮獲金鼎獎、積極投入國際救援……覺得他是個不怕任何困難的「鐵人」。但是在這兩本書內，只看到一個誠懇的旅人，扛著沉重的攝影裝備及手提電腦，在疲憊的旅程後，以拼圖遊戲的耐心挑選照片，一字字寫下「方寸之間」的感動。獨樹一格的圖文，跳脫了冷冰冰的報導及鬆散的遊記，相信可以禁得起歲月嚴格的淘汰。

拉回紛飛的思緒，聽他興致勃勃地訴說奇遇。他這次到阿富汗採訪巴米揚中央高級女子學校，因爲塔利班政權實施回教統治，不准女子受教育，塔利班垮台後終於可以入學的女學生，很珍惜這個好不容易得來的機會。他得知學校還欠缺一千本的教科書，承諾幫忙解決，找遍百廢待舉的阿富汗卻沒有印刷廠可以供應，後來才找到巴基斯坦一家印刷廠承製。過程中，接觸一位現住在巴基斯坦的阿富汗裔澳洲人納比Nabi，納比看到台灣人這麼熱心，一口承諾要幫忙處理這件事。他趕緊回台灣發動《經典》同事及義工一共募集了台幣四萬元寄去，「納比要冒著生命危險押書進入阿富汗，不容易，不容易。」他沒考慮自身安危，卻因爲善意引發迴響高興不已。

他又欣喜地說，五年前他到阿富汗採訪，曾經請一位名叫哈薩葛的小男孩當嚮導，當時承諾要送他字典，卻一直無法完成心願。這次憑著一張一大堆小孩的合照，終於在巴米揚的一個小村落找到了。當塔利班政權拓展勢力時，第一步是槍殺反抗者，哈薩葛的父親及叔叔都被處決了，全村的人被強迫住在不同的地方，流離失所。他決定贊助身世坎坷的哈薩葛繼續學業，「他現在已經讀大學了。」他一臉燦爛的笑容邊吃麵邊說。

「鈴……」大哥大響了，「好，好，我馬上回去。」出來吃一碗麵，講沒幾句話，他又要回到擁擠狹小的辦公室工作。揮手道別，我們知道他的心中「有一個坦蕩寬大的空間」。

【世界的盡頭】

愛　已經燃燒殆盡
地球　失重傾斜
板塊　顛沛流離
人如蟻　推擠　壓迫
爲了多活一天　多活一刻
（給我錢　親愛的朋友　給我錢）

愛　已經燃燒殆盡
地圖　殘破扭曲
山河　滿目瘡痍
蟻如人　團結　造家
爲了多活一天　多活一刻
(給我錢　親愛的朋友　給我錢)
馬拉威湖　奇異的滿月
月光映照水面　閃閃發光
發瘋的旅人　恍惚走入水中
一步步走向　世界的盡頭
詩的國度
潮水溫柔相擁
水平面　浮現故鄉的影子
聽見　一聲聲召喚
刺鳥的美妙歌聲　死前的謳歌
收拾漂泊　打包異鄉　回家
(不要走　親愛的朋友　不要走)

馬拉威湖　奇異的滿月
月光映照心湖　閃閃發光
天眞的詩人　輕輕漂浮
一口氣游向　世界的盡頭
詩的國度
潮水溫柔相擁
水平面　浮現天堂的影子
聽見　一聲呼嘯
鵬鳥的羽毛飄落　生命的痕跡
收拾傷悲　打包故鄉　回不了家
（不要走　親愛的朋友　不要走）

來自非洲的卡片

生活的驚喜，常常從想不到的地方跳出來。

在正午的豔陽下，昏昏然到了無爲草堂，約好的朋友還沒來，卻收到一封寄到無爲草堂的掛號信。信封上寫著「請代爲轉交Vicky和Pinky」，誰會寄信到這裡給我們呢？疑惑地打開一看，一張卡片，封面是兩個非洲婦女舂玉米粉的印染棉布，啊，原來是Luc，在我們的環球之旅，曾在紐西蘭的皇后鎮有過一面之緣，那是一九九九年的四月了。今年四月在智邦發行電子報，在相關連結看到一個「探索非洲」的電子報，曾經好奇地進去瀏覽一番，卻沒意識到彼此有什麼關聯。當他主動「相認」，才知道當年相遇的大學生現在在西非的布吉納法索服替代役，透過電子報的發行，我們又在網路上「巧遇」了。

從此，雖然隔著遙遠的距離，卻有一種「好厝邊」的親切感。透過網路，不時會關心他在西非發生了什麼事，最近好嗎。

最近，他遇到台灣去的護理學校訪問團，自製了一張卡片請他們代寄。看著這張似乎不起眼的卡片，可是轉了好幾班飛機，飛過幾萬呎的高空，降落桃園中正機場後，才進入台灣的郵政系統，來到我的手上。想想，眞不可思議。

他在信中寫著「……轉眼間來到非洲生活也滿八個月了，時間過得眞是飛快，在這邊的生活過得很快樂，尤其是不再被一堆沒水準的新聞及綜藝節目疲勞轟炸，更是覺得身心愉快……」

作爲「探索非洲」電子報的訂戶，每次看到他寫的非洲小故事及生活現況，就會想起在非洲旅行的見聞。慶幸我們最後到了非洲，原來一直心存畏懼，卻得到意想不到的收穫。經過在非洲四個月的震撼教育，對於原有的世界觀產生了強烈的動搖，重新思考現代文明的走向，眞的是全人類最好的選擇嗎？

作爲全球化的既得利益者，台灣躋身代工的一環，在西太平洋靠著貿易起家，得到經濟起飛的甜美果實。整個島上的主流思想自然唯太平洋對岸的美國是從，眼睛緊緊盯住已開發的資本主義國家，至於其他第三世界國家，只是在公益活動時，一個遙遠不眞實的存在。

記得有一次遇到慈濟志業中心宗教處主任謝景貴師兄，問他：「你從高薪經理人變成國際賑災的專職志工，主要的內心轉折是什麼？」

他以一個小故事回答：「我們大家都坐在太空梭裡，包括了鹿、馬、牛等所有動物，大家都乖乖坐在自己的位置上，卻有一個『人』，他站起來試圖打破窗戶。其他動物嚇壞了，窗戶看來快要裂了，他卻不停止。我想，只有『人』才會這樣做，我覺得應該做一些事來改變。」

一個很短的故事，這一年來卻常常想起。當我看到電視新聞只盯住島內的地方選舉惡鬥時，我會想起；當我看到報紙以圖文詳細解說情殺逆倫悲劇時，我會想起；當我看到雜誌報導鉅富的政商關係時，我會想起。我和這些人是在同一艘太空梭內，我可以做什麼來改變呢？

有一次到一所設備豪華的雙語小學演講，我們在演講中強調跨國際的關懷及野生動物的保育，希望讓這些天之驕子，能夠有更寬廣的視野。最後，校長起來作結論，他說：「小朋友，你們知道兩位姊姊實現夢想最重要的是什麼？對，就是把英文學好，外國人都講英文，你們在學校把英文學好，才能出國。第二呢，不對，是要有競爭精神，你們現在在學校和同學競爭，以後出國和外國人競爭，才能贏過別人，為國爭光……」

我和Vicky坐在台下面面相覷，原來我們騎單車到世界各國的目的是為了「練習英文」和「贏過別人」？這些可愛的小朋友，以後會變成什麼樣的人？他們會以為太空梭上沒有別人，不必考慮其他生活條件不如自己的陌生人；他們會以為太空梭壞了，馬上就有一台新的，就像電腦遊戲一樣，當然可以隨意打破窗戶。

追求最大利益的資本主義，最大的盲點就是忘了我們都在同一艘船上。當大家爲了追求工業化的短期利益破壞環境，引起氣候異常，發生了水災、旱災及土石流，我們必須花更大的代價來彌補。非洲是一塊美麗的土地，就像世界其他地方一樣，只不過人們的掠奪更爲嚴重，必須花更多的時間和資源來彌補。當我們在馬拉威時，因爲溫帶國家的工業破壞氣候，結果在熱帶以農立國的馬拉威造成嚴重乾旱，有七十萬農民必須吃樹根爲生。聽起來像是天方夜譚，卻是眞實的情況，這些，大概佔不了台灣報紙的版面吧，誰關心呢？

這也就是和遠在天邊的Luc有一種天涯若比鄰的原因吧！他在面對兵役時選擇外交替代役到世界的盡頭，又在工作之餘，選擇用電子報的方式，把他的所見所聞分享出來。如果說，第一次見面對他的印象是一個勇於自助旅行的大學生，第二次在網路相遇，則是一個勇於實現自我的成年人了。傳統上，一般人總認爲當過兵的男生，才是大人了，我相信，經過這麼特別的經歷，他的成年禮，潛藏著更多的勇氣、考驗及祝福。

再次看著這張來自非洲的卡片，我很高興，我們在同一艘太空梭上。

【尼羅河女兒二重奏】

1.愛西絲的悲嘆

恨　尼羅河定期氾濫　帶來豐收的喜悅
無視　我失去了至親
　　　失去了至愛
　　　失去了埃及

恨　尼羅河穿越時空　帶來永恆的呢喃
阻撓　我遠嫁敵王
　　　暗殺情敵
　　　奪回埃及

從小　渴望曼菲士的溫柔
如沙漠的旅人　渴望水
眾神啊　在命運的羅盤上
押上智慧
押上尊嚴
再押上生命　祈求那雙溫柔的眼

愛　卻走向祭壇　烈燄焚身
幸福　化爲灰燼
全因那雙溫柔的眼　出現了妳
妳　來自未來的破壞
妳　來自法老的詛咒
妳　奪走了我的一切

復仇　如一尾斑斕的蛇
悄悄接近　爲了恨

2.凱羅爾的微笑

愛　尼羅河定期氾濫　帶來豐收的喜悅
見證　我發現眞愛
　　　　發現自我
　　　　發現古埃及

愛　尼羅河穿越時空　帶來永恆的呢喃
召喚　我信賴法老
　　　　印證歷史
　　　　守護埃及

千年宿命的牽引　邂逅曼菲士
如落水的人　找到浮木

親愛的家人啊　在陣陣烽煙裡
水淹亞述城
火燒通天塔
　逃離特洛伊　只爲了　那溫柔的懷抱

愛　終於走到神殿　筋疲力盡
磨難　化成蓮花
那溫柔的懷抱背後　卻出現了妳
　妳是殺父的兇手
　妳是殺子的仇人
　妳　卻也是曼菲士最親的親人

從淚流不止的悲痛中　醒來
寬恕一切　爲了愛

走路，聽見城市的心跳

每次抵達一個陌生的城市，總是喜歡走路。只要一走路，就進入旅行的步調，一步一步慢慢地走，全身的細胞慢慢張開，呼吸一口豐富的氣味。周圍像是流動的風景，一扇窗戶、一道門，都會讓旅人駐足良久。「日安！Bonjour!」在法國南部，純樸的農人看見外地人在路上東張西望，就像看見貓從屋頂上跌下來，常笑開了懷，整張臉皺在一起。忍不住要拿相機，留下這一幕，鏡頭裡的笑容帶了幾分羞澀，像在說：「唉呀！今天沒化妝。」

開車方便，卻是走馬看花，必須在一個定點停下來，才能下來走走，離開時又進入密閉的鐵罐裡，再到下一個定點。走路卻不一樣，一條條的線連成網狀，在心裡交纏出城鎮地圖，立體的那種。

尤其在喜歡的城市，更是要走路。

在巴黎待了兩星期，搭配雙周的地鐵票，地上地下走來走去，印象最深刻的卻是塞納河。站在新橋眺望聖母院時，忽然捲起一陣風，看見遠處有兩張紙在空中飛揚，掉到塞納河裡。「我們去撿！」兩個人回頭跑下樓梯，我一看洶湧的河水嚇得後退，跌坐地上，Vicky身手矯健地從波浪中打撈起兩張紙。一看是兩張素描，十九世紀的巴黎及凡爾賽宮，還套著塑膠袋。

現在那兩張浸過塞納河水的畫，已裝框掛在工作室。每次看到泛黃的古畫，總是想起那一天的風、那一天的河水，永遠保留在心中的巴黎地圖裡了。

回到台灣，也喜歡走路。

每次寫作用腦過度，總是喜歡走一段路到市民廣場。傍晚車水馬龍的公益路，招牌一個一個亮起，最近練習詩歌朗誦，對於一向咬字不清的我，是一個很大的挑戰，走在路上，不自覺對著招牌練習，「都—會—女—子—專—屬—空—間」、「假—日—男—士—美—容—休—閒—館」「珍愛花坊」、「秋比特情趣商店」、「一世情咖啡」……，一邊走一邊認眞地念，發現習以爲常的街道，竟然有這麼多有趣的店。

招牌，是城市共同的慾望，爲了滿足市民的需要而存在。平日視而不見，在夜晚的涼風中，看到五顏六色的霓虹閃爍，卻有一股新鮮感。亞洲新興國家特有的景象，從東京、漢城、上海、香港到台灣的都市，在經濟起飛的過程中，高樓大廈如雨後春筍地出現，招牌是建築的眼睛，橫掃眼波，魅惑路過的人。追求高刺激、高消費、高成長，以美國爲師，資本主義萬歲！

從小生長的故鄉，透過旅人的眼睛，充滿探索的新鮮感。

從科博館到美術館的綠園道是綠色的河流，在台中的心臟地帶，蜿蜒了一路的風景。廣闊的綠地，兩旁的精緻建築，表現黃金地段品味，巴洛克式風格，襯托以消費文化著稱的中部大城。公益路北望，金典酒店在正前方，右方是全國飯店，左方是安蘭居、三宅一生、琉璃工坊，不像台北的商店耳鬢廝摩，這裡的建築物之間總隔著適當的距離，像是預留了寒暄的空間。很多台北來的朋友，總得花一段時間才搞清楚，在台中做生意，人情是最重要的。

往南是市民廣場，也是回來這一年最喜歡的空間。

只是一片廣闊的草坪，四周是木棉花，僅此而已。因爲簡單，所以不會有水泥建築的壓力，因爲留白，可以仰望城市的夜空。四面的建築物閃著燈火，像是發光的屏風，守護這個廣場，尤其是正南方的「月光流域」大樓，據說是數一數二的高級住宅，燈光格外絢麗。

二〇〇三年燈會由台中舉辦，主燈放在市民廣場中央。元宵前幾天，傍晚坐在常坐的圓弧形鐵雕椅上，剛好遇到「試燈」。看見平常沉鬱的樹木因爲無數的燈泡纏繞，閃閃發亮，加上明暗快慢的變化，所有的木棉像穿上蓬蓬裙，要開始婆娑起舞了。原來低落的心情，受到節慶的刺激，有一種莫名的快樂。

燈會結束，廣場又恢復寧靜。留下主燈「吉羊康泰」站在黑暗中，像一座無言的雕像。兩旁的黑板樹遮住了城市的繁囂，在綠園道上散步的人三三兩兩，看不見臉上的表情。聽到兩個中年女子的對話：

「我們要去的距離都可以用走的耶。」欣喜異常的語氣，邊說邊跳。

「嗯，這個地方不錯。」左右張望。

一個媽媽帶著兩個小孩經過，哥哥帶著妹妹繞圈子跳來跳去，一陣陣的笑語像啁啾的鳥聲。穿著套裝的媽媽，可能剛下班，腳步沉重，耐心地看顧兩個小孩，頭隨著小孩的方向轉，像是追蹤雷達。

走路的範圍越來越大，隨著心情決定方向。發現在街頭走路的人很少，我像異類，常常必須走出被佔用的騎樓，在大馬路上閃避車輛。已經很久不看電視新聞了，偶爾看一下報紙，寧願走路，走路可以看到真正的人，在喧囂的媒體鎂光燈外，大多數人還在呼吸，還在生活。

走路，可以聽見城市的心跳，你知道嗎？

【城市　藏了一座大觀園】

沒有盡頭的旅程
終於有了盡頭
故鄉　騷動如熱鍋上的螞蟻

站在十字路口
速食店　理容總匯　電玩中心
咦　有一間茶館　竹林掩映
走進門　輕吐一口氣
迴廊　流水　水榭

一步一停留
跟隨主人　見素抱樸的腳步
垂柳戲魚　倚窗喝茶
茶葉舒展開來　映照杉林溪的陽光　遊子
回家了

城市　藏了一座大觀園
有時獨遊　有時呼朋
四季　陰晴　日夜
在不同的角落
探測生命的溫度
無爲　傾聽自然的韻律
草堂　安頓身心的空間

走出門　踏上另一段旅程
世界　還有一盞燈
安靜守候

聽見靈魂的聲音

我在追求什麼？你問。
看著你的眼睛，我無法說謊。
爲什麼要離開你？你又問。
眼睛看著地下，不禁開始懷疑，這個決定是對的嗎？

忘了從什麼時候開始，習慣有一個你，參與我的生活，不管發生什麼事，第一個想到的就是你。你了解我，包容我的一切，絕對不會傷害我，我可以安心。

你是一個念舊的人，只要有過交集，你總是心心念念地關心對方。直到有一天，你終於領悟，對方早就不在乎你了，你才會罷休，彷彿責任已了，鬆了一口氣。

有時候，也會對你生氣，氣你那麼鄉愿，幹麼要小心翼翼討好每一個人，不會累嗎？爲什麼不敢表現出你的憤怒、悲傷、痛苦、無助……種種眞實的情緒呢？

定定看著你的微笑，望進你內心的酸楚。年紀愈來愈大，卻無法忘記心中的小女孩，她還沒長大，永遠躲在幻想中。在現實生活中，她無處可去。

你從小太早熟，太獨立，一個人孤單地長大，小心走過周遭的地雷。踏錯一步，粉身碎骨，沒有放肆的本錢。

不知道爲什麼，見到你總是會讓我想起那些我本來藏得很好的苦痛，又回到無依無靠的處境，我無法解釋……

我們如此相似，互相扶持。

十三歲那年，一起懵懵懂懂經歷阿嬤去世的遺憾。捨不得她一生勞苦，還沒等我長大就走了，沒有機會好好善待她。

二十七歲那年，在公司的陽台發現了自殺的屍體。你陪我去收驚，喚回飛散的七魂六魄。

二十九歲那年，從生死邊緣的昏迷醒來。你坐在床頭，無言地看著我，嘆了一口氣。

當我告訴你，想爲你寫一本書，你卻沒有高興的神情。似乎有預感，當書完成，就是告別的時候了。

我們如此之近，卻又如此之遠；我們有一樣的外表，不一樣的命運。

奇士勞斯基的電影〈雙面維若妮卡〉裡，有兩個長得一模一樣的維若妮卡分別住在波蘭及巴黎，不曾見面卻有奇妙的感應，「我覺得我並不孤單。」兩人分別說出這種心有靈犀的感覺。有一次在廣場上，波蘭的維若妮卡看到在巴士上的巴黎維若妮卡，她一時天旋地轉，虛幻的感覺竟然成眞了；巴黎維若妮卡卻忙著拍照，沒有看見另一個「她」，巴士就離開廣場了。直到有一天，她的情人發現了那卷底片，她才知道無意中拍下了波蘭維若妮卡的影像，忍不住痛哭失聲。因爲她模糊感覺到波蘭維若妮卡已不在人世，留下愛情未竟的遺憾，那份知覺促使她放棄音樂，追求心靈相契的愛情。

兩個維若妮卡只是見過一面的陌生人，彼此生命的牽繫卻如此之深。

當我長途旅行歸來，回溯最深的生命旅程，時時察覺到你的存在，激發更多的靈感，彷彿捲入一場漩渦中，身不由己。

我寫了很多信給你，你知道嗎？有一個箱子收藏了很多寄不出的信，全部密封著，有些因爲年代久遠，已經發黃了。

信的內容早已忘記，只記得痛徹心扉的寫信心情。你陪著我呑聲，陪著我悲歎，感謝有你，一路相伴。

你我之間的回憶無窮無盡……還是要走，你是過去的我，我不能帶你走，你明白嗎？

太陽即將昇起，又是新的一天，沒有與你相擁而別，無法再往前一步。你的一生，我一清二楚，我的未來，還是一個問號。有一天，當我們再次相遇，我一定細細告訴你，別後一生的際遇。

人與人的緣分就像萍水偶相逢，不論時間長短，聚散兩無情。只有離開你的保護，才能獲得自由，只有忘記你的諄諄告誡，才能體會愛，我要擁有第一手的體驗，不再害怕受傷，即使重傷又如何？

啊，離開前還有一件事，那些日記還要保留嗎？

二十年的日記，等於是你一生的傳記，花了八個月，第一次全部看過，讓我更了解你。很多以爲偶然的決定，放在拉長的時間橫軸上來看，都是有跡可循的。就像一位好友Yuki所說：「我很好奇，你的生涯從不是規劃清楚的路徑，而是轉彎再轉彎的突破。看似柔弱的你，卻不斷地演出驚人的強人行徑，究竟心裡的矛盾與抉擇點是如何克服？」

當你和我走到今天這一點，經歷的風雨，已是雲淡風輕，那些花費心力的文字紀錄，只是殘骸，就讓它們灰飛煙滅吧。

有一天我們也將消失，化爲塵土，候鳥遷徙的生物本能，卻代代相傳。讓我們彼此祝福，把握有限的時間，踏上新的旅程，召喚靈魂的聲音已經出現，你聽見了嗎？

catch 64 候鳥返鄉
作者：江心靜
責任編輯：韓秀玫
美術編輯：謝富智
法律顧問：全理法律事務所董安丹律師
出版者：大塊文化出版股份有限公司
台北市105南京東路四段25號11樓
www.locuspublishing.com

讀者服務專線：0800-006689
TEL：(02) 87123898　FAX：(02) 87123897
郵撥帳號：18955675　戶名：大塊文化出版股份有限公司

總經銷：大和書報圖書股份有限公司
地址：台北縣三重市大智路139號
TEL：(02) 29818089 (代表號)
FAX：(02) 29883028　29813049
製版：瑞豐實業股份有限公司
初版一刷：2003年11月
定價：新台幣250 元
ISBN986-7600-20-7
Printed in Taiwan

國家圖書館出版品預行編目資料

候鳥返鄉／江心靜著.-- 初版--
臺北市：大塊文化，2003 [民 92]
面：　公分.--(Catch : 64)

ISBN　986-7600-20-7 (平裝)

855　92018724

105 台北市南京東路四段25號11樓

廣　告　回　信
台灣北區郵政管理局登記證
北台字第10227號

大塊文化出版股份有限公司　收

地址：□□□ ＿＿＿＿市／縣＿＿＿＿鄉／鎮／市／區
＿＿＿＿路／街＿＿段＿＿巷＿＿弄＿＿號＿＿樓
姓名：

請沿虛線撕下後對折裝訂寄回，謝謝！

大塊 LOCUS 文化

編號：CA 064　書名：候鳥返鄉

大塊文化 LOCUS 讀者回函卡

謝謝您購買這本書，爲了加強對您的服務，請您詳細塡寫本卡各欄，寄回大塊出版 (免附回郵) 即可不定期收到本公司最新的出版資訊。

姓名：________________________ **身分證字號**：________________________

住址：____

聯絡電話：(O)________________________ (H)________________________

出生日期：______年______月______日 E-mail: ________________________

學歷：1.□高中及高中以下 2.□專科與大學 3.□研究所以上

職業：1.□學生 2.□資訊業 3.□工 4.□商 5.□服務業 6.□軍警公教 7.□自由業及專業 8.□其他________

從何處得知本書：1.□逛書店 2.□報紙廣告 3.□雜誌廣告 4.□新聞報導 5.□親友介紹 6.□公車廣告 7.□廣播節目8.□書訊 9.□廣告信函 10.□其他____________

您購買過我們那些系列的書：

1.□Touch系列 2.□Mark系列 3.□Smile系列 4.□Catch系列 5.□tomorrow系列 6.□幾米系列 7.□from系列 8.□to系列

閱讀嗜好：

1.□財經 2.□企管 3.□心理 4.□勵志 5.□社會人文 6.□自然科學 7.□傳記 8.□音樂藝術 9.□文學 10.□保健 11.□漫畫 12.□其他_____

對我們的建議：____

____

____

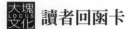

LOCUS

LOCUS

LOCUS

LOCUS